1. La mort de Jacques tragedie par Boyer l'Chapelle 1695
2. Coriolan tragedie par le S.r Chapoton 1635
3. La folie du sage tragi-comedie par tristan l'hermite 1645
4. rodogune tragedie par gilbert 1646
5. le jugement equitable de charles le hardy duc de bourgogne tragedie par le S.r mareschal 16..

Y.f.

9.Lif. 251

Y 5546.
N-3.

A PARIS Chez Toussainct Quinet au Palais
auec priuilege du Roy 1645.

LA MORT DE SENEQVE

TRAGEDIE

A PARIS,
Chez TOVSSAINCT QVINET, au Palais,
souz la montée de la Cour des Aydes.

M. DC. XXXXV.
AVEC PRIVILEGE DV ROY.

A MONSIEVR

MONSIEVR LE COMTE

DE SAINT-AIGNAN.

MONSIEVR,

Il paroist que les traits de bonté dont vous m'honorez m'aportent presque autant de trouble qu'ils vous acquierent de gloire, & que dans la haste que i'ay de vous en exprimer le ressentiment, ie mets toutes choses en œuure. En effet il semble que ie ne donne cette piece de Theatre au iour, que pour mettre ma recognoissance en veuë : & que ie ne faits publier cette MORT que pour aprendre à tout le mode que ie vous ay voüé ma vie. Quoy

ã iij

EPISTRE.

qu'on en die, MONSIEVR, ie feray affez confolé de cette forte de confufion fi vous en eftimez le zele, & fi felon cette noble Indulgence que vous auez pour mes deffauts, vous daignez agreer d'eftre le Parrain de cet Ouurage. I'efpere que voftre illuftre nom feruira d'Afile à des productions d'efprit plus heureufes: & que ie feray voir quelque iour par de plus magnifiques Vers, que vous eftes Maiftre de leur fource : I'auouë, MONSIEVR, qu'vne fi haute generofité que celle que vous m'auez tefmoignée, me pique de reffentiment; & que pour refpondre à des faueurs fi grandes ie me propofe de grands deffeins. Ie feray fans doute vn rare effort en cette occafion, pour me parer du foupçon de l'ingratitude. Poffible feray-je vne peinture de vous, qui fe pourra deffendre du temps : Poffible m'immortaliferay-je comme Phidias, dans vne excellente image de la Vertu. Les Mufes n'ont point de pinceaux que ie ne puiffe manier auec quelque adreffe; & ie fçauray bien mefler en ce Crayon, leurs plus efclatantes couleurs. En cet effort fi delicieux que ie n'ofe le nommer trauail, j'apperçoy des matieres de longues veilles: & des Efprits plus laborieux que le mien, pourroient bien perdre haleine en cette Carriere. Mais ce qu'il y a de penible en cet ouurage m'eftonne moins, que ce qu'il y a d'efclatant en ce fubjet ne m'efbloüit. I'y voids par tout de fi grandes beautez qu'elles tiennēt mon choix en balance : & ie confumerois bien à les ad-

EPISTRE

mirer, tout le temps qui me seroit doné pour les descrire. Si ie regarde la grandeur de vostre Race, j'apperçoy dans vostre Maison la plus grande partie des plus nobles Maisons de France: C'est vn champ semé de Lauriers; c'est vn Arbre de plusieurs siecles, dont toutes les branches sont couronnées: C'est vn long ordre de Heros où l'on peut compter autant de Demi dieux que de testes. Si ie tourne les yeux sur vostre valeur, ie n'y voy que des prodiges heroïques dés vostre plus tendre jeunesse; I'y remarque beaucoup de Combats plus dignes d'estre celebrez par les belles plumes, que celuy d'Hector & d'Ajax; Et dont vous auez remporté tout l'auantage. I'y trouue encore quantité de grandes choses, faictes pour l'honneur de l'Estat, & par qui vostre reputation s'est fort esleuée. I'y voy d'admirables exploits où vous ne vous estes signalé qu'en remportāt beaucoup d'honorables blessures: qu'en vous couurant des marques de ce noble empressement vers le peril, qu'on peut appeller vne ardeur affamée de gloire. D'autre part, MONSIEVR, si ie cōsidere vostre esprit & vostre memoire, ce sōt deux choses qui passent l'imagination; ce sont deux autres sortes de Miracles dont nous n'auons presque point d'exemples, l'vn est si vif & si brillant, l'autre est si riche & si fidelle; & tant de iugement les conduit, que ie ne cognois rien de plus merueilleux: & c'est auec verité que i'ay peu vous dire là dessus:

EPISTRE.

Quelle qualité me surprit,
Qui pour son rare esclat doit estre la premiere?
Fut-ce ton cœur, ou ton esprit;
Si l'vn est tout de feu, l'autre est tout de lumiere.

L'vn est gros de cette valeur
Qui releue la Gloire & soustient l'Innocence;
L'autre est tout plain de la chaleur
Dont la Raison s'exprime auec magnificence.

Mais tous ces auantages, MONSIEVR, ne sont rien que de superbes liberalitez de la Nature; & vous pourriez encore faire vanité d'autres Biens, qui sont aussi considerables, & qui demandent que nostre ame trauaille pour les acquérir. Ie parle de ces diuines habitudes que la Raison establit en nous en despit des sens; & qu'on ne gagne que par violence. Cette sagesse vigilante, qui reigle auec tant d'auctorité les passions qui se desbordent; & qui se conserue le pouuoir de les calmer lors qu'elles sont les plus esmeües: qui donne des preuues par mille soins, d'vne ardente amour pour la Gloire; faisant bien à tout le monde, auec tant de facilité, de discernement, d'ordre & de grace. En cet endroit, MONSIEVR, ie ne sçay si ie n'aurois point à me plaindre de vostre Modestie, en me loüant de vostre Liberalité.

Cette

EPISTRE.

Cette Vertu toute pudique, semble vn peu trop jalouse des interests d'vne si magnifique Sœur; elle veut tousjours fermer la bouche à ceux qui luy dônent des loüanges; & luy faire passer toutes nos expressions de recognoissance, pour d'inutiles cajoleries. Ie vous suplie treshumblement, MONSIEVR, de souffrir qu'elle me donne vn peu plus de liberté; afin que ie puisse au moins respondre à vos bien-faits, auec des actions de graces: & que ie ne demeure pas müet, lors que i'ay tant de sujets de dire hautement que ie suis,

MONSIEVR,

Vostre tres-humble & tresobeissant seruiteur,

TRISTAN L'HERMITE.

Extraict du Priuilege du Roy.

PAr grace & Priuilege du Roy donné à Fontainebleau le 17. iour d'Octobre 1644. Signé, Par le Roy en son Conseil, LE BRVN. Il est permis à Toussainct Quinet Marchand Libraire à Paris, d'imprimer ou faire imprimer, vendre & distribuer vne piece de Theatre intitulée *La Mort de Seneque, Tragedie de Monsieur Tristan*, durant le temps & espace de cinq ans, à copter du iour qu'elle sera acheuée d'imprimer ; & defences sont faictes à tous Imprimeurs, Libraires & autres, de contrefaire ladite piece, ny en vendre ou exposer en vente à peine de trois mil liures d'amande, de tous ses despens, dommages & interests, ainsi qu'il est plus amplement porté par lesdites lettres, qui sont en vertu du present extraict ténuës pour bien & deuëment signifiees, à ce qu'aucun n'en pretende cause d'ignorance.

Acheué d'imprimer pour la premiere fois le dixiesme Ianuier 1645.

Les exemplaires ont esté fournis.

LES PERSONNAGES.

NERON.

SABINE Popée.

SENEQVE.

RVFVS, Capitaine des Gardes.

PISON, Chef des Conjurez.

SEVINVS, Senateur.

EPICARIS Affranchie.

LVCAIN, Nepueu de Seneque.

PROCVLE, Capitaine de Marine.

SILVANVS, Centenier.

PAVLINE, femme de Seneque.

La Scene est à Rome.

ARGVMENT
DV PREMIER ACTE.

I. Eron se réjoüit de la mort d'Octauie, & Sabine s'efforce de jeter des ombrages dans son esprit pour donner le coup à Seneque.

II. Qui sçachant qu'on en vouloit à sa vie pour auoir son bien, essaye de parer ce coup, en offrant à Neron de luy remettre tout ce qu'il tient de sa liberalité, mais le Tiran le refuse de bonne grace, estant honteux de dépoüiller ainsi son Precepteur qui l'à enrichy de tant de beaux enseignemens.

III. Rufus Capitaine des gardes de ce Monstre, & qui a conjuré contre luy, veut sonder sur ce poinct l'esprit de Seneque, qui comme vn sage consumé, ne se laisse point tater en cet endroit, craignant les artifices de la Cour.

LA MORT DE SENEQVE

TRAGEDIE

ACTE I.r

SCENE PREMIERE.

NERON, SABINE.

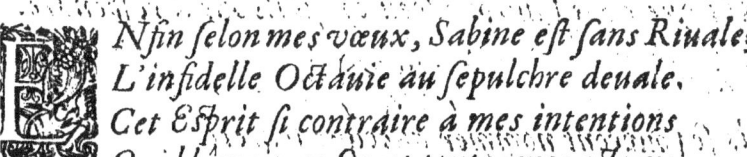Nfin selon mes vœux, Sabine est sans Riuale;
L'infidelle Octauie au sepulchre deuale.
Cet Esprit si contraire à mes intentions
Qui blâmoit en secret toutes mes actions,
Ne fera plus mouuoir la langue enuenimée
Qu'il fit toûjours agir contre ma renommée.

A

LA MORT

Dans ses pretentions son espoir l'a trompé,
Je suis bien affermy dans le Throne usurpé,
Et ce Monstre infernal qu'on va reduire en cendre,
Ne peut plus auoir lieu de m'en faire decendre.
Pensant me despoüiller d'vn ornement si beau
Ce serpent a laissé sa despoüille au tombeau,
Rien ne peut desormais nous mettre en jalousie,
Faisons festin, Sabine, & chantons Talasie.

SABINE.

Il ne faut pas encor se réjoüir si fort,
De ce serpent esteint le venin n'est pas mort,
Ce dangereux poison s'entretient & sommeille
En cent cœurs factieux qui l'ont pris par l'oreille,
Et qui de ta clemence irritans leurs rigueurs,
Tâchent de le respandre en tous les autres cœurs.

NERON.

Ils n'ont qu'à se nommer, nous leur ferons apprendre
Dés que nous l'aurons sceu ce qu'ils ont à respendre.

SABINE.

Ils se pourront nommer auecque seureté
Si tu n'as point pour eux plus de seuerité,
Ie voudrois bien sçauoir de quel mal est suiuie
La moicteur de tant d'yeux qui pleurent Octauie,

DE SENEQVE.

Et les trais qu'ont produit cent esprits delicas,
Qui de son frere mort font encor tant de cas.
Tels viuent en repos, qui pour nostre ruyne
Esleuent tous les jours la vertu d'Agripine,
Et qui des Citoyens attisans la fureur,
Te font toûjours passer pour vn objet d'horreur,
Cesar, pour affermir vne grandeur naissante
On ne doit point auoir de souffrance innocente,
Il faut à tout le monde imposer le respect,
Et perdre promptement ce qui paroist suspect.
Pour s'asseurer d'vn Thrône, il faut estre capable
De confondre par fois innocent & coupable ;
Et ne discerner point ce qu'on doit immoler
Quand nostre impunité nous peut faire ébranler.
Mais tu pratiques mal cette bonne maxime :
Ceux qui sont accusez & conuaincus du crime
D'ennemis capitaux, du Prince & de l'Estat,
Pourront encore faire vn second attentat.

NERON.

Qui sont ces gens de bien, dignes qu'on les honore ?

SABINE.

Ie les pourrois nommer; Pison, Seneque encore.

NERON.

N'ont-ils pas confondu cette accusation ?

A ij

LA MORT

SABINE.

Ils ne s'en sont lauez que par corruption;
L'Or & les Diamans espars en abondance
Entre tes Fauoris, ont fait leur innocence.
Cesar, selon le droict qui leur fut lors rendu
Vn pauure criminel se fust treuué perdu:
Le bien leur fit oster les charges les plus fortes,
Ils sauuerent leur vie auec des choses mortes.

NERON.

Seneque n'en fut pas au moins, nul ne le croit.

SABINE.

Voylà l'authorité de ce flateur adroit,
Il ne luy faut qu'vn trait de sa vaine éloquence
Pour te faire excuser des maux de consequence.
Sa parole attrayante à des inuentions
Pour te faire approuuer ses noires actions.
Suillius qu'il fit bannir, & qu'il auoit à craindre,
De toutes ses couleurs le sceut fort bien dépeindre
Quand passant du mespris de son stile enerué
Au reproche des maux dont il s'est mal laué;
Il fit vn grand pourtraict de cette ame peruerse
Qui blâme en ses escrits les abus qu'elle exerce,

DE SENEQVE.

Tient à felicité de ne posseder rien,
Et trauaille tousiours pour assembler du bien.
Qui l'art des Courtisans si hautement décrie,
Et pour tes Affranchis à tant de flaterie :
En fin l'amy du luxe & de tous ses appas
Qui fait impudemment ce qu'il n'approuue pas,
Ie ne puis plus souffrir qu'vn Pedant hipocrite
Ioigne de si grands biens à si peu de merite,
Et surpasse en jardins & meubles precieux
Les Princes apres toy les plus delicieux.

NERON.

Son bien n'est pas son crime, il est plustost mon vice ;
I'ay prodigalement recognu son seruice,
Mais estant comme moy redeuable à ses soins,
Vn Empereur Romain ne pouuoit faire moins.
S'il faut que la Fortune à mes souhaits responde,
Ie veux donner ensemble & perdre tout le Monde.

SABINE.

Nul ne te blâmeroit de donner par excez,
Si tes profusions auoient vn bon succez ;
Mais comme l'Italie aujourd'huy te reproche,
Ta liberale main seme sur vne roche ;
Et faisant à cet homme aueuglement du bien,
Engraisse vn champ ingrat qui ne raporte rien.

C'est vn indigne objet de tes magnificences,
Qui s'est rendu fameux par ses mécognoissances.
Lors que sur les bien-faicts il escrit doctement
Son cœur pour les bien-faits est sans ressentiment.
As-tu jamais fait voir vn fruit de ton estude,
Qu'il n'ait empoisonné d'vn trait d'ingratitude ?
Et n'a-t'il pas donné mille indices diuers
Qu'il compose luy-mesme, ou corrige tes vers ?
Le voit-on applaudir lors que sur le Theatre
Tu rens de ton recit tout le peuple idolastre ?
Et lors que tes discours auecque tant d'éclat
Par mille attraits charmans rauissent le Senat ;
Sa mine & ses façons font-elles pas parestre
Que le simple Escolier parle deuant son Maistre ?

Il peut bien prendre haleine & cesser desormais
De vendre à prix d'argent les faueurs du Palais ;
Vn plus homme de bien deuroit tenir sa place,
A-t'il encor le front d'attendre qu'on le chace ?
Tu sçais bien que Seneque & Burrus n'estoient qu'vn
Qu'ils auoient les honneurs & les biens en commun ;
Qu'ils ont également partagé ta puissance,
Gagné mesme credit, & pris mesme licence ;
Et qu'estans d'Agripine appuyez hautement,
Ils l'ont comme à l'enuy, traictee ingratement :
L'vn s'en doit-il aller sans que l'autre le suiue ?
Faut-il que Burrus meure, & que Seneque viue ?

DE SENEQVE.

C'est à toy seulement qu'il peut estre permis
De respecter si fort tes plus grands ennemis,
Pour moy ie n'ayme point cette auide Sansuë
Qui ne peut contenir l'humeur qu'elle a receuë,
Et qui par le moyen de ses secrets ressorts
Te veut auec le sang, oster l'ame du corps.
Ne trouue point mauuais si mon zele s'exprime
A chercher ton salut en descouurant son crime.
C'est vn Dieu qui me porte à rompre son dessein,
C'est vn petit Cezar qui parle dans mon sein,
Et qui te donne auis que cet homme perfide,
Si tu ne le preuiens, sera ton parricide.

NERON.

Sabine c'est sans doute vne esponge à presser;
Mais pour le perdre mieux il faut le caresser,
Il faut luy tendre vn piege auec tant d'artifice
Qu'on luy puisse imputer nostre propre malice;
D'vn filet si subtil il faut l'enuelopper
Qu'il s'y perde luy-mesme en pensant échapper,
Et que les gens de bien deceus par l'apparance,
En le voyant perir blâment son imprudance;
Rencontrant vn escueil en vn Port apparant,
Ce grand Maistre apprendra qu'il est fort ignorant.

LA MORT

SABINE.

Pourquoy dans ce dessein prendre vne voye oblique?

NERON.

De peur de nous charger de la hayne publique,
L'enuie auec cent yeux nous regarde de pres,
Il ne faut pas agir pour repatir apres.
Ma haine en cet endroit doit estre circonspecte,
Tu sçais l'humeur du peuple, il faut qu'on la respecte.
Ce farouche animal sujet au changement,
Commence à s'ennuyer de mon gouuernement,
Et pourroit essayer de se mettre en franchise
Si mes deportemens luy donnoient quelque prise.
Le Senat qui me hait & feint de m'adorer
Ne voudroit qu'vn sujet pour me deshonorer
Pour me lancer vn trait de sa rage couuerte,
Et pousser les Romains à conspirer ma perte.
Puis, me dois-ie assurer d'auoir vn seruiteur
Faisant ouuertement perir mon Precepteur?
Si desirant ma mort il garde le silence,
Ie ne sçaurois le perdre auecque violence.

SABINE.

Il vient pour ses pareils des poisons d'Orient
Dont la douce rigueur fait mourir en riant.

NERON.

DE SENEQVE.
NERON.

Sabine à l'entreprendre on a perdu ses peines,
Il n'estanche sa soif qu'au courant des fontaines,
Et depuis quelque temps, pour appaiser sa faim
Ne mange que des fruicts qu'il cueille de sa main.

SABINE.

Son crime se fait voir par cette deffiance,
Qui donne ainsi matiere à ton impatience:
Faut-il que cet ingrat soit assez effronté
Pour vouloir viure encor contre ta volonté?
Il faut; Mais le voicy ce sçauant Personnage,
A son funeste abord ie change de visage;
Pren bien-garde à sa mine, il est assez aysé
D'y voir vn sentiment subtil & déguisé,
Il vient pour te surprendre enflé d'vne harangue,
Quelque nouueau poison va couler de sa langue.

NERON.

Voy si facilement on me peut abuser,
Et lequel de nous deux sçait le mieux déguiser,
Escoute nos discours:

SABINE.

Ah! ie quitte la place,
Cest objet me deplaist, me choque & m'embarrace.

B

SCENE II

NERON, SENEQVE, RVFVS.

NERON.

Rvffus fay le auancer; mon pere que veux-tu ?
Puis-je de quelque grace honorer ta Vertu?

SENEQVE.

Cesar depuis le temps que ma soigneuse addresse
S'applique à cultiuer l'espoir de ta jeunesse,
Et t'enseigne des Rois le glorieux mestier,
Le Soleil n'a point fait trois fois vn lustre entier.
Mais qui pourroit compter les biens dont par ta grace
Ie fus fait possesseur durant ce peu d'espace?
Quels auares desirs, quels auides souhaits
Ne seroient point comblez par de si grands bien-faits?
Et parmy les Romains quelle richesse égale
Les Thresors que ie tiens de ta main liberale?
Sans doute ces efforts nobles & genereux
Mettroient ton Precepteur en vn estat heureux,
N'estoit que le bon-heur abhorre l'opulence,
Et consiste au repos plustost qu'en l'abondance.

B

DE SENEQVE.

Acheue ton Ouurage & ma felicité,
Laisse à ton seruiteur plus de tranquilité,
Repren tous ces Bien-faits, & permets que ie quite
Ces marques de ta gloire, & non de mon merite;
Qui pour en bien parler sont des fardeaux pesans
A m'atirer l'Enuie & charger mes vieux ans.
Permets qu'ayant serui sous vn si digne Maistre
J'aille me delasser en vn sejour champestre,
Ou bien loin du murmure & de l'empressement,
Ie puisse entretenir mes liures doucement.
  Auguste ton Ayeul plain de recognoissance
A deux de ses Amis donna mesme licence;
Eux, dis-je, qui n'auoient que les prosperitez,
Les biens & les honneurs qu'ils auoient meritez,
L'ayans toûjours serui dans la guerre ciuile,
Ou fourny de Conseils pour gouuerner la ville.
De moy, ie suis encore à deuiner pourquoy
I'ay receu tant d'honneurs & de bien-faits de toy;
Si ce n'est pour t'auoir donné par auanture
Des lettres & des arts la premiere teinture.
Mais si dans ce sentier mes soins t'ont auancé,
L'honneur de te seruir m'a trop recompansé;
Les trais de ton Esprit & ceux de ta memoire
En cent occasions ont trop fait pour ma gloire.
Faloit-il pour cela que tes rares bien-faits
M'esleuassent ainsi plus haut que mes souhaits,

Et que ton amitié donnast à ma fortune
Tant de lustre & d'éclat qu'elle m'en importune?
Par des dons excessifs falloit-il me lier,
Et mettre en si haut rang un simple Cheualier?
En rendant à tel poinct ma fortune establie,
Tu m'apprens ta grandeur, & fais que ie m'oublie;
Mon jugement s'égare en ces Biens superflus,
Je m'y cherche moy-mesme & ne m'y treuue plus.
Quoy? celuy qui du Luxe est des grands auersaires,
Ne seroit pas content des choses necessaires?
Auroit tant de Iardins, auroit tant de Maisons
A s'aller diuertir en toutes les Saisons?
Il n'est pas raisonnable, il ne m'est pas loisible
De faire à mes Escrits un affront si visible.
   Repren donc tant de Biens receus mal à propos;
Et souffre à l'auenir que ie viue en repos;
N'en embarasse plus un Vieillard inutile
Qui pour les gouuerner se treuue trop debile.
Tu n'as plus de besoin de mes enseignemens,
Ton Thrône est affermy de clouds de diamens,
Nul autre plus que toy n'a d'Esprit ny d'adresse;
Il faut que ta bonté laisse en paix ma vieillesse.
Par là, tu fermeras la bouche aux Enuieux,
Et feras estimer ton choix judicieux
Qui ne sçait esleuer à des grandeurs extrêmes,
Que ceux qui de bon cœur en décendent d'eux-mesmes;

DE SENEQVE.

Et n'enrichist si fort, que ceux-là seulement
Qui sçauent des grands Biens vser moderément.

NERON.

Icy l'effet d'vn soin qui me fut necessaire,
Me sera fauorable, & te sera contraire:
Ie vais par tes leçons t'imposer vne loy,
Et de ton propre Bien me seruir contre toy,
Puis que tu m'as instruit en l'art de me deffendre
De tous les arguments qui me pourroient surprendre,
Et que tu m'as appris à me bien demesler,
Sur tous les incidens dont on peut me parler.
   Pourquoy fais-tu si fort éclater mes largesses,
Toy qu'on void recognu de si peu de richesses,
Et qui selon les soins dont tu m'as obligé
Meriterois qu'en Or ton Marbre fust changé?
Toy qui meriterois que ta Maison fust pleine
Plustost de Diamans que d'Yuoire & d'Ebene.
   Tu dis que par Auguste, à deux de ses Amis,
Ce que tu veux de moy fut autresfois permis;
Tu sçais bien toutefois qu'Agripe & que Macene,
Obtenans de Cesar du relâche à leur peine
En vn âge caduc beaucoup plus que le tien,
Ne furent pas pourtant despouillez de leur Bien:
Et si tout l'Vniuers en veut estre l'arbitre,
Tu possedes le tien à beaucoup meilleur Titre.

LA MORT

Mon Ayeul fut à Rome, & parmy les Combas,
Aydé de leur conseil, assisté de leur bras,
Ie l'aüoüe, il est vray; mais en mesme occurrance
Tu m'aurois obligé de pareille assistance;
Et i'ay receu de toy des veilles & du soin
Dont l'estat de mon regne auoit plus de besoin.

 Te puis-ie preter l'Autheur de ma naissance?
Il m'a donné la vie, & toy la cognoissance
Et ie n'ay pas appris à mettre en mesme rang
Les Ames & les Corps, les Esprits & le sang.
Voy lequel de nous deux à l'autre est redeuable;
Tu m'as monstré les Arts; & l'Art incomparable
D'attirer les souhaits, de fléchir les rigueurs,
D'arrester les Esprits, & de gagner les cœurs:
Tes leçons m'ont pourueu de grace & d'éloquence,
Et ce sont des bien-faits qui sont de consequence.

 De moy, tu n'as receu que des biens fort legers;
Qui se treuuent suiets à beaucoup de dangers;
Que l'eau peut emporter, que le feu peut destruire,
A qui cent accidents sont capables de nuire:
Est-ce qui m'est honteux, c'est que des affranchis
Ce sont aupres de moy beaucoup plus enrichis.

 Mais auant qu'il soit peu comme ie fay mon compte,
I'augmenteray ton Bien pour amoindrir ma honte.
Tandis, oblige moy de ne me quitter pas;
D'obseruer ma conduite, & de guider mes pas;

DE SENEQVE.

Tu sçais qu'aux voluptez, la pente est fort glissante
A ceux dont la jeunesse est forte & florissante;
   Occupe ta sagesse à regler mes desirs,
A compasser toûjours mes jeux & mes plaisirs,
Afin que ta prudence à bon droit estimee
Face accroistre ma gloire auec ta renommee.
   Quoy, me vouloir quitter ? ce seroit me trahir,
M'abandonner au vice, & me faire haïr :
On ne parleroit plus que de mon injustice,
Que de ma violence & de mon auarice;
Ce desir de repos & de tranquillité,
A crime capital te seroit imputé;
Et tu ne voudrois pas acquerir de la gloire
Causant à tes Amis vne tâche si noire.
Ne me parle donc plus de cet esloignement,
Et demeure toûjours en ton appartement :
Va mon Pere,

SENEQVE.
O Cesar!

NERON.
            Fay ce que ie desire,
C'est le bien de Cesar, & celuy de l'Empire.

RVFVS.
Quels tendres sentimens, qu'en dites vous Seigneur ?

SENEQVE.

Il à trop de bontez, il me fait trop d'honneur.

RVFVS.

A parler librement, c'est vn estrange Maistre,
Vous le cognoissez bien,

SENEQVE.

qui le peut mieux cognestre.

Fin du premier Acte.

ARGVMENT
DV SECOND ACTE.

I. Ison, Rufus & Seuinus, cherchent ensemble les moyens les plus asseurez pour attenter sur Neron.

II. Epicaris accompagnée de Lucain, les vient animer à la perte du Tiran par la representation de ses horribles desordres; & le iour & le lieu sont pris pour l'execution de cette entreprise.

III. Lucain donne des conseils à Epicaris pour la seureté du secret, & cette fille courageuse le prie d'essayer d'embarquer Seneque dans leur dessein.

IV. Lucain apprend à Seneque l'estat de la conjuration & tâche par ses persuasions de le faire entrer dans ce party, mais ce sage Philosophe s'en deffend, ne pouuant se resoudre à voir destruire son disciple.

V. Procule à qui Epicaris s'estoit declarée sur le dessein de l'attentat projetté contre Neron; l'a fait arrester par les gardes du Palais.

ACTE II.
SCENE PREMIERE.

PISON, RVFVS, SEVINVS.

PISON.

Nous ne pouuions choisir vn endroit moins suspect
Pour parler de Neron que ce lieu de respect ;
Qui pourroit soupçonner qu'au jardin de Mœcene
On vint deliberer de sa perte prochaine ?
Nous voyans éclairez des yeux d'vn Colonnel
Qui ne peut consentir à rien de criminel.

RVFVS.

Pour tous ses Ennemis j'ay beaucoup d'indulgence,
Et ie n'éclaire icy que d'vn feu de vengeance :
L'infame ! il apprendra le poignard dans le cœur
Qu'il deuoit n'estimer que les hommes d'honneur.

SEVINVS.

C'est pour cette Leçon que Milicus desroüille
Vn fer que dans son sang il faudra que ie soüille :

C ij

LA MORT

De tant de laschetez,il nous fera raison.

PISON.

Mais ou le prendrons-nous?

RVFVS.

en ta propre Maison;
Il ayme à festiner dessus les bords de l'Onde,
C'est la commodité la meilleure du monde.

PISON.

Comment dans ma Maison?

SEVINVS.

Parlons bas, j'oy du bruit;
Ha! c'est Epicaris & Lucain qui la suit.

SCENE II.
EPICARIS, PISON, RVFVS, LVCAIN, SEVINVS.

EPICARIS.

HE bien? qu'attendons nous? quel sentiment timide
Fait ainsi retarder la mort d'vn Parricide

DE SENEQVE.

Qui n'est tous les méchans est le ferme soûtien,
Et l'ennemy mortel de tous les gens de bien ?
Faut-il qu'impunément tout ordre se confonde,
Et qu'il desole Rome aux yeux de tout le Monde
Sans qu'vne juste horreur de ses faits odieux
Appaise de son sang la cholere des Dieux ?
 Auons nous oublié cet horrible spectacle
Ou tout desir brutal s'accomplit sans obstacle,
Ou toute violence & tout desbordement
En plain iour s'exerça par son commandement ?
Où tant de Cheualiers des plus nobles Familles
Veirent deshonorer leurs femmes & leurs filles,
Par des Gladiateurs & par d'infames Sers
Tous dégoutans de sang & tous chargez de fers ?
 Ne nous souuient-il plus de ce feu sacrilege
Pour qui les lieux sacrez furent sans priuilege ?
Ce feu qui consuma iusques aux fondemens
Tant de Temples fameux & de grands bâtimens :
Ce feu qui s'alumant dans vne nuict obscure,
De l'estat des Enfers fut l'ardante peinture ;
Ce feu qui n'éclaira que pour nous faire voir
Cent mille Citoyens reduits au desespoir ?
O Cieux ! veid-on iamais d'objets plus pitoyables ?
On n'entendoit par tout que rumeurs effroyables ;
La flâme auide & prompte en s'espandant par tout,
Penetra la Cité de l'vn à l'autre bout ;

LA MORT

Elle n'espargna point la plus dure matiere,
Et ne fit qu'vn Brasier de Rome toute entiere.
 Que le Ciel fut percé de lamantables cris
Dans ce pressant malheur dont nous fûmes surpris!
Que dans tous les Quartiers le Peuple prit d'allarmes,
Et que l'on veid couler de sang meslé de larmes!
L'horreur & le desordre y regnoient à tel point
Que parmy le tumulte on ne s'entendoit point.
 L'vn comme fit Ænée, à trauers de la presse,
Emportoit vn parant tout chargé de vieillesse;
L'autre, hors d'vn brasier entreinoit vn Amy
Qui n'estoit reueillé ny brûlé qu'à demy:
Là quelqu'vn qui fuyoit la flâme violente,
Tomboit sous le debris d'vne maison brulante:
Et là s'estant lancé hors d'vn toict tout flambant,
Quelqu'autre malheureux s'ecrasoit en tombant.
Celuy-cy se sauuant à trauers la fumee,
Trouuoit sur son passage vne porte fermee;
Et le cœur d'épouuante & d'ennuy tout serré
En mordant les verroux mourroit des-esperé.
Celuy-là penetrant dans la foule du monde
Pour se sauuer du feu s'alloit perdre dans l'Onde.
Vn autre tout troublé serroit entre ses bras
Son Bien qu'il emportoit, mais qu'il ne sauuoit pas;
Puis que parmy la presse il estoit fait la proye
Des soldats estrangers que le Tiran soudoye.

Et que dans châque Place on auoit fait poser
Pour accroiſtre le trouble & non pour l'appaiſer.
Les femmes, les enfans, à demy mort de crainte,
Y faiſoient retentir de longs accents de plainte;
Et reclamans en vain l'aßiſtance des Cieux,
Deuenoient le butin du ſoldat vicieux.
 Ainſi, parmy l'horreur des flâmes deuorantes,
Les Romains periſſoient de cent morts differentes;
Ou s'ils ne periſſoient par vn fatal bon-heur,
Ils perdoient pour le moins, ou les biens, ou l'honneur,
Tandis que le Tiran tout enyuré de joye
A ce funeſte objet chantoit des Vers de Troye.
Ainſi pour le plaiſir de ce Monſtre peruers,
Rome qu'on peut nommer le Chef de l'vniuers,
Pour vne Vrne fumante aujourd'huy ſe peut prendre
Ou pour vn grand Mareſt de ſang meſlé de cendre.
 Attendrons-nous encor que par d'autres moyens
Sa rage vienne à bout des derniers Citoyens?
Iamais l'ire du Ciel eût-elle des Victimes
Plus dignes de ſes traits ou plus noires de crimes?
Mais il eſt temps d'agir pluſtoſt que de parler,
Nous auons des Coûteaux tous prêts pour l'immoler.
Braue & noble Piſon, c'eſt ſous toi ſeul auſpice
Que l'on doit entreprendre vn ſi grand ſacrifice;
Et c'eſt par ton ſignal qu'attaint du coup mortel,
Le Monſtre doit bien-toſt tomber deuant l'Autel.

LA MORT

J'ay cent hommes de cœur gagnez par ma conduite,
Qui sont tous resolus de mourir à ta suite;
Tu n'as rien qu'à marcher, ils te suiuront de prés,
Soit parmy les Lauriers, ou parmy les Cyprés.

PISON.

Genereuse Amazone, Esprit tout heroïque,
Ce discours vehement nous émeut & nous pique;
Et dans ce beau transport vostre noble courroux
Ne nous propose rien que nous n'approuuions tous.
Ce n'est que retoucher d'vn Pinceau tout de flâme
Des images d'horreur que nous auons dans l'ame:
Si ce n'est aujourd'huy, ce sera dés demain
Que le cruel Tiran mourra de nostre main;
Et qu'en le poignardant, nostre loüable enuie
Vangera mille morts sur vne seule vie.
Nous auons resolu sa perte absolument;
Nous n'en cherchons que l'heure & le lieu seulement.
Rufus veut qu'à ce soir auec mille artifices
Je l'attire chez moy sous couleur de delices;
Ou tenant ma partie en vn lâche Concert,
Ie luy donne au souper d'vn poignard pour dessert.
Ce trait me fait horreur, ie ne suis point capable
De voir du sang d'vn hoste ainsi tâcher ma table.
Comment ie tremperois dans vne trahison
Et l'executerois en ma propre Maison?

Pison

DE SENEQVE.

Pison pourroit ainsi par de noires pratiques
Soüiller sa renommee & ses Dieux domestiques ?
Non non qui que ce soit qui s'assure en ma foy
N'aura jamais ny mal, ny des plaisir chez moy:
Quand au plus grand des Dieux il prédroit cette enuie
Ie ferois de mon corps vn rempart à sa vie ;
Et ie ne feindrois pas de me precipiter
Pour arracher alors la foudre à Iupiter.

EPICARIS.

Ton sentiment est iuste ; il faut bien qu'on attende
Ce genereux refus d'vne ame noble & grande.
Mais cherchons entre nous quelqu'autre expedient
Pour contenter bien-tost vn zele impatient.

PISON.

Nous aurions plus d'honneur en cette ardeur extréme
De l'aller attaquer dans cette Maison mesme ;
Qu'il n'a faite esleuer que par cent trahisons,
Du malheureux debris de cent autres Maisons ;
Et qui pour estre vn iour par ce Monstre habitee
Fut de sang & de pleurs tant de fois cimentee.
La gloire y seroit grande !

RVFVS.

& le peril aussi.

LA MORT

SEVINVS.

Il vaudroit mieux le prendre à trente pas d'icy
Quand il pense sortir en pompe magnifique,
Et vanger en public vne injure publique.

LVCAIN.

Est-il ny lieu ny temps plus propre à ce dessein
Que l'abord du Theatre & le iour de demain?
On fait des jeux publics, on court dans la carriere,
En l'honneur de Cerés la bonne nourriciere;
Ce sont pour le Tiran de merueilleux appas;
Il y viendra sans doute, il ny manquera pas.
Il faudra que d'abord Lateranus l'arreste
Feignant le suplier de lire vne Requeste,
Et donne le signal à tous les Conjurez
Luy tenant de ses bras les deux genoux serrez:
Et lors estans meslez auec les gens de guerre,
De cent coups de poignard nous le mettrons par terre.

PISON.

Pour voir donc en ce iour nos souhaits accomplis,
Il faut que Seuinus aille voir Natalis;
Rufus, Asper, & Flaue, & Scorus & Proxime;
Lucain verra Plautius & Tulle son intime:
D'autre part, cette Belle, ira faire venir
Ceux qui pour ce grand coup nous doiuent soûtenir;

Moy, i'iray voir Seneque & par mon entremise,
Il pourra bien poßible estre de l'entreprise,
Luy qui de sa ruine est toûjours menacé.

SEVINVS.

Hastons nous donc, Seigneur, le temps est fort preßé.

SCENE III.

LVCAIN, EPICARIS.

LVCAIN.

Fille égale à Minerue en beauté de visage,
En force d'éloquence, en grandeur de courage,
Diuine Epicaris, vous venez d'auancer
L'ouurage le plus grand qu'on puiße commencer.
Mais il faut faire en sorte, ô Beauté sans seconde,
Qu'à ce digne projet l'euenement responde,
Et qu'il ne soit pas dit aux siecles auenir
Qu'on entreprit fort bien ce qu'on ne peut finir.
La gloire est d'acheuer cette belle entreprise
Que la Vertu suggere & qu'elle fauorise;
Dont les premiers pensers nous viennent de la haut,
Et qui ne peut manquer que par nostre deffaut.

D ij

Il est icy besoin que chacun prenne garde
Quelle peine on encourt, & quel bien l'on hasarde,
Si par vn naturel enclin à trop parler
Cet important dessein vient à se reueler.
Vous allez réueiller, vous allez faire éprendre
Vn feu que le secret tient caché sous la cendre,
Et que ceux du Palais ne doiuent descouurir
Qu'à l'instant seulement qu'on les fera perir :
C'est pourquoy pratiquant ces hommes de courage
Qui doiuent s'employer en vn si grand ouurage ;
Soyez bien circonspecte & d'vn soin curieux
Ne leur en dessignez ny le temps ny les lieux ;
De crainte qu'vn ressort manquant à la Machine,
Fist dementir le reste & causast sa ruine.

EPICARIS.

I'approuue cet Auis, mais Lucain penses-tu
Que la bonté du sens deffaille à ma vertu ?
Ma langue n'eut iamais ce flux inuolontaire
Qui fait souuent parler alors qu'il se faut taire.

LVCAIN.

Il faut bien discerner en ces occasions
Les Romains genereux d'auec les Espions :
Il s'en treuue beaucoup discourans des affaires
Auec les gens d'honneur qui sont des mercenaires;

Des lâches qu'à prix fait Sabine fait agir,
Et qu'vn art si honteux n'a iamais fait rougir.

EPICARIS.

Ie recognois fort bien ces Fourbes à leur mine;
Et c'est pourquoy ie fuis vn meurtrier d'Agripine
Qui pourueu d'vn Nauire apres ce bel employ,
Comme fort mal contant s'est plaint souuent à moy.

LVCAIN.

,, De toutes lâchetez les Ames font capables
,, Qui tiennent à vertu ce qui les rend coupables.

EPICARIS.

Aussi quoy qu'il tesmoigne, & mesme auec fureur,
Que le nom du Tiran luy donne de l'horreur;
Et qu'il iure en plaignant la publique misere,
Qu'il pourroit bien traiter le fils comme la mere;
Bien qu'à faire le coup il tesmoigne s'offrir,
I'éuite sa rencontre, & ne le puis souffrir:
Car ie sçay qu'à l'employ d'vne si belle tâche
Il faut vne Ame noble & non pas vne lâche.
   C'est vn certain Procule,

LVCAIN.

                    ha! ie sçay quel il est;
C'est vne Ame assez foible ardante à l'interest:

En tout vostre sagesse euidemment se montre,
Mais elle paroist fort à fuir sa rencontre.
Si ie ne suis trompé vous me dites vn iour
Que vous ayant tenu quelques propos d'amour
Il tenta des desseins qui luy furent funestes.

EPICARIS.

Il apprit sous mes loix des reigles plus modestes,
Il receut quelqu'auis sur sa temerité.

LVCAIN.

On treuue aux gens de Mer peu de ciuilité.

EPICARIS.

Si ceux de son mestier ont beaucoup d'insolence,
Celles de mon humeur n'ont guere de souffrance.

LVCAIN.

Helas ! ie le sçay bien, ie l'ay bien recognu
Moy dont le feu bruslant est si fort retenu ;
Moy qui profondement vous adore en mon Ame,
S'il eschappe à mon cœur quelque soûpir de flâme
Vous dites toute à l'heure au lieu de m'excuser,
Que ie perds le respect & que c'est trop oser.

EPICARIS.

Aussi toute l'amour qu'il faut que l'on explique
Doit auoir pour objet la Liberté publique :

DE SENEQVE.

C'est ce qui des grands cœurs eschauffe les desirs,
Et qui doit t'obliger à pousser des soûpirs.

LVCAIN.

J'ayme la Republique & soûpirant pour elle
Ie veux à vostre exemple espouser sa querelle;
Mais parmy les transports de ce noble courous,
Ie ne puis m'empescher de soûpirer pour vous.

EPICARIS.

Si Lucain void en moy quelque Vertu reluire
Il se doit bien garder de tendre à la destruire.

LVCAIN.

Ie ne conceus iamais vn si lâche penser;
I'aymerois mieux mourir que tendre à l'offencer.

EPICARIS.

Aussi i'ay resolu de tenir loin du crime
Tout ce qui m'a rendu digne de ton estime:
Et si tu m'aymes bien, nous allons voir le iour
Ou tu peux te montrer digne de mon amour.

LVCAIN.

Croyez.

LA MORT

EPICARIS.

      Voicy venir vn homme venerable
Et de qui le conseil nous seroit fauorable.
Ah! pleût aux immortels qu'il sceust nostre dessein
Auec ce zele ardant qui bout en nostre sein;
Et que Rome eust sa voix pour maistriser son Maistre
Et pour n'en auoir plus s'il ne le vouloit estre.
Si Lucain pris iamais plaisir à m'obliger,
Que dans nostre entreprise il tâche à l'engager;
Nul ne pourroit iamais censurer vn Ouurage
Qui seroit auoüé d'vn si grand Personnage:
Il s'est fait approuuer si generallement
Que l'vniuers entier suiuroit son sentiment.

LVCAIN.

En cette morne humeur il n'apperçoit personne;
Tenez vous seulement pres de cette Colonne:
Vous apprendrez de là si i'espargneray rien
Pour le faire embarquer auec les gens de bien.

SCENE

DE SENEQVE. 33

SCENE IIII.
LVCAIN, SENEQVE.

LVCAIN.

SEigneur, vous auez veu les delices de Rome:
Vous auez veu Neron?

SENEQVE.

Ouy; j'ay veu ce grand homme,
Qui joignant nos Leçons à tant de dons diuers,
Agissoit autrefois au bien de l'vniuers:
Ce Prince du Senat qui durant cinq annees
A donné jalousie aux Ames les mieux nées:
Mais qui se destournant de ce noble sentier,
En de honteux plaisirs s'est plongé tout entier,
Et de sa cruauté secondant sa molesse,
A l'égal de sa force a monstré sa foiblesse.

LVCAIN.

Vous auez peu le voir auec facilité;

SENEQVE.

Ouy, mais en le voyant i'ay fort peu profité.

E

LUCAIN.

Dequoy luy parliez vous?

SENEQVE.

       seulement de luy rendre
Les Biens qu'il m'a donnez & qu'il feint de reprendre;
Quoy que Sabine & luy nous facent assez voir
Que leur auare Esprit brûle de les rauoir.

LUCAIN.

Que dit-il la dessus?

SENEQVE.

       Il me dit qu'il m'honore;
Qu'il veut à ces bien-faits en ajoûter encore:
Bien que son cœur ingrat demente son discours
Et tende à retrancher le filet de mes jours.

LUCAIN.

Il est de ces Voleurs dont la brutale enuie
Ne prend guere le Bien sans arracher la vie.

SENEQVE.

Et moy de ces passans qui ne font nul effort
Lors qu'en les despoüillant on leur donne la mort.

DE SENEQVE.

LVCAIN.

A tous les Animaux la mort est redoutable.

SENEQVE.

Par la philosophie on la rend plus traitable :
Lucain cette rigueur viendroit bien à propos ;
Ie demande à Cesar tant soit peu de repos,
Et s'il ordonne enfin que l'on m'oste la teste,
C'est liberalement m'accorder ma requeste.

LVCAIN.

Certes, iamais Tiran ne fut plus odieux,
C'est vn Monstre maudit !

SENEQVE.

C'est vn fleau des Dieux,
C'est la punition de nos fautes passees :
C'est vn present fatal de leurs mains courroucees,
Qu'ils pourront retirer selon nostre souhait
Quand leur iuste courroux se fera satisfait.

LVCIAN.

Pour punir les Tirans dans le siecle où nous sommes
Les Dieux le plus souuent ce sont seruis des hommes ;
Au souuerain des Cieux son Ayeul fit horreur
Alors qu'il vsurpa le Tiltre d'Empereur ;

Iupiter toutefois pour le reduire en poudre
Se seruit de nos bras & non pas de sa foudre.
Brute, & Cassie encor viuent en leurs Neueux,
Vn reste de leur sang peut accomplir nos vœux.

SENEQVE.

Qui voudra pour le perdre abandonner sa vie,
Pourra facilement contenter son enuie.
Mais, qui pourroit tenter vn si hardy dessein?

LVCAIN.

Cinquante hommes de cœur qui m'ont ouuert leur sein:
Dont ie vais tout soudain vous donner cognoissance
Si le sceau du serment m'en donne la licence.

SENEQVE.

Le cher sang de Lucain court risque auec le leur,
Et dé-ja ma vertu respecte leur valeur:
Mes tendres sentimens sur tout ce qui te touche
Imprimez dans mon cœur sont vn sceau sur ma bouche.

LVCAIN.

C'est assez,

SENEQVE.

   Et de plus ie te donne ma foy
Que iamais nul viuant ne le sçaura de moy,

DE SENEQVE.

LVCAIN.

Pison en est le Chef.

SENEQVE.

Pison est vn ieune homme
D'aussi grande Maison qu'il s'en treuue dans Rome;
Son cœur & noble & franc paraist bien asseuré,
De plus?

LVCAIN.

Rufus en est;

SENEQVE.

Rufus à conjuré?
Quoy? Rufus qui commande aux soldats de la garde
Pour le salut public auec vous se hasarde?

LVCAIN.

Ouy, ce mesme Rufus s'en va nous seconder,

SENEQVE.

Sans doute sur ce poinct il m'a voulu sonder;
Voyant dans le Palais la douceur contrefaite
Dont l'esprit du Tiran s'oppose à ma retraite.
Ce braue Capitaine est jaloux aujourd'huy
Qu'vn lâche Tigillin soit mieux traicté que luy;

Il aura peu gagner les soldats qu'il commande,
S'estant aquis entre eux vne estime assez grande.

LVCAIN.

Siluanus, qu'on a fait Chef de mille soldats,

SENEQVE.

Siluanus est vn homme à ne balancer pas:

LVCAIN.

Asper, Lateranus, Flaue le Capitaine;

SENEQVE.

Ils ont pour tout oser l'ame grande & hautaine.

LVCAIN.

Les autres pour vaillans ne sont pas moins cognus;
Vn Proxime, vn Scaurus, Natalis, Seuinus.

SENEQVE.

Ie craindrois Seuinus en vne grande affaire:
Il s'empesche de tout, de tout il fait mistere,
Si ses propos mal joints ne donnent des soupçons
Il en pourra donner par toutes ses façons.
Mais l'execution ne doit pas estre lente
Faisant vne entreprise & haute & violente;

DE SENEQVE.

Hâtez vostre dessein, ie treuue vn grand hasard
A garder vn secret où tant de gens ont part.
Il se faut depécher de peur de quelque traistre.

LVCAIN.

Mais pourrez-vous sçauoir ce parti sans en estre?
Soyez de ce grand coup l'oculaire tesmoin:

SENEQVE.

Ce spectacle, pour moy doit estre veu de loin;

LVCAIN.

Assistez à guerir la Commune misere.

SENEQVE.

Pour ma main ce remede est vn peu trop seuere:
Ie pourrois essayer d'en arrester le cours
S'il ne falloit vser que de simples discours.

LVCAIN.

Si le mal n'est vaincu par vn benin remede
On fait venir la flâme & le fer à son ayde.

SENEQVE.

Destruire auec le fer ce qu'on m'a veu nourrir
Ah! i'en ay trop d'horreur i'aymerois mieux mourir.

LVCAIN.
Hé, laissez vous conduire où la Vertu vous guide.
SENEQVE.
Elle ne conduit point à faire vn parricide.
LVCAIN.
Mais de tous nos malheurs c'est le fatal Autheur.
SENEQVE.
Mais c'est mon Nourrisson, & c'est mon bien-faicteur.
LVCAIN.
Il vous souuient assez de ses trames secrettes.
SENEQVE.
Il me souuient aussi des graces qu'il m'a faites.
LVCAIN.
Voulez vous respecter le Bourreau du Senat ?
SENEQVE.
Veux-tu porter Seneque à passer pour ingrat ?
Si de cette noirceur mon ame estoit capable
Le Tiran que tu hais seroit-il plus coupable ?

DE SENEQVE.

Ie sçay que la Patrie est reduite aux abois
Par l'injuste rigueur de ses seueres loix:
Qu'auec la liberté, la gloire de l'Empire
Sous son infame joug honteusement expire.
Mais voyant de l'Estat la ruine éclater,
Seneque doit le plaindre & non pas l'assister;
Il croirois irriter le Ciel & la Nature
S'il attentoit ainsi contre sa nourriture.
   Non, non, ne me dis plus de raisons sur ce point:
Ie m'en laue les mains, & ie n'y trempe point:
Ie tairay ce secret à cause qu'il te touche,
Mais ie ne voudrois pas l'oüir d'vne autre bouche.
C'est pourquoy de ce pas vas-t'en treuuer Pison
Qui vouloit à ce soir souper en ma Maison,
Et possible y mener quelqu'vn de la Brigade,
Dy luy qu'il m'en dispense & que ie suis malade.
   Aussi bien i'ay promis d'aller voir cette nuict
Vn vieux Cilicien aux bonnes mœurs instruit
Vn Prophete nouueau dont la doctrine pure
Ne tient rien de Platon, ne tient rien d'Epicure,
Et s'esloignant du mal veut introduire au iour
Vne loy de respect, de justice & d'amour.
Ie te veux faire part de ses auis fidelles.

LVCAIN.

I'ay trop d'auersion pour les sectes nouuelles.

SCENE V.

LVCAIN, EPICARIS.

LVCAIN.

ET bien ? l'auois-je pris de mauuaise façon ?

EPICARIS.

Il ne sçauroit agir contre son Nourriſſon;
Bien que la Tirannie euidemment l'oppreſſe,
Il garde pour ce Monſtre encor de la tendreſſe.
Qu'oy qu'à faire autrement il ſe peut diſpoſer,
Sa foibleſſe est honneſte il la faut excuſer.
Lucain, retire toy Procule qui s'auance
Nous pourroit ſoupçonner de quelque intelligence.

SCENE VI

PROCVLE, EPICARIS, des Gardes.

PROCVLE.

Epicaris vn mot;

EPICARIS.

je n'ay pas le loisir;

PROCVLE.

Gardes que l'on s'auance, il faut vous en saisir.

EPICARIS.

Vne fille affranchie insolemment la prendre?
Quel droit en auez vous?

PROCVLE.

On s'en va te l'apprendre.

Fin du second Acte.

ARGVMENT
DV TROISIEME ACTE.

I. ERON auerty par Procule qu'E-picaris forme vne conjuration contre luy; l'interroge sur cet attentat luy côfronte son accusateur;& bien qu'elle se deffende adroitement du crime: ordonne qu'on luy presente la question.

II. Sabine, espouuentee d'vn mauuais songe, en vient faire le Recit à son mary, & luy presente du mesme temps, Milicus affranchy de Seuinus, pour l'asseurer que son Maistre se prepare à l'assassiner.

III. Neron s'en informe en particulier, & fait appeller Seuinus, que Sabine amuse de belles paroles pour luy donner temps de tirer la denoncition de Milicus.

IV. Neron vient rapporter à Seuinus toutes les conjectures qu'il a de son mauuais dessein: Et Seuinus les affoiblit toutes auec autant d'Esprit que de hardiesse; Mais Milichus trouue vn expedient pour verifier sa deposition, qui est de faire interroger, Natalis & Seuinus separément, touchant vne longue conferance qu'ils auoient euë ensemble dans le Champ de Mars.

ACTE III.
SCENE PREMIERE.

NERON, EPICARIS, PROCVLE, TIGELLIN.

NERON.

EN vain nos Legions sur les bords de l'Euphrate
Ont vaincu Vologese & soûmis Tiridate,
Si les Filles à Rome osent en trahison
Venir m'assassiner iusques dans ma Maison,
Et si tant de Lauriers qui me couurent la teste
Ne peuuent destourner cet éclat de tempeste;
Mais il faut arrester cette temerité,
Et punir ses Autheurs comme ils l'on merité.
Qu'on la face approcher, cette desesperee
Par qui depuis long-temps ma mort est conjuree;
Et qui n'espargnant rien pour en venir à bout,
Me fait secrettement des Ennemis par tout.
Ah! qu'elle a de fierté, cette seditieuse!
Que son front est hardy, qu'elle est audacieuse!

LA MORT

Tigillin, cependant qu'auec subtilité
Ie pourray m'éclaircir sur cette verité,
Surprenant cet Esprit par quelque douce amorce;
Fay qu'autour du Palais ma Garde se renforce,
Que sur châque auenuë on pose des soldats
Qui soient si bien logez qu'on ne les force pas,
Et que nos Allemans se tiennent sous les armes
Prets à nous secourir aux premieres allarmes.

    Approche malheureuse, & me dis le sujet
Qui t'a fait conceuoir cet horrible projet;
Appren moy qui t'anime & qui te desespere;
Ay-ie rauy tes biens, ou fait perir ton pere,
Entrepris sur ta vie, ou bien sur ton honneur,
Et de quelque façon trauersé ton bon-heur?
Qui te rend de la sorte à ma perte engagée?

EPICARIS.

En aucune façon tu ne m'as outragée,
Et tu recognestras estant mieux éclaircy,
Que je n'ay nul dessein de t'outrager aussi.

NERON.

Ah! qu'elle est asseurree en tenant ce langage.

EPICARIS,

C'est que mon innocence asseure mon visage,

DE SENEQVE.

*Il ne faut pas penser en cet injuste affront
Que la crainte du cœur face pâlir le front.*

NERON.

*Ton visage me plaist & ta grace me touche,
Je ne hay pas tes yeux, fay que i'ayme ta bouche.
Me retirant soudain par ta confession
De danger tout ensemble & d'apprehension.
Iamais vn Empereur ne parle par surprise:
Ta grace & mon amour vont payer ta franchise.
Mais depéche-toy donc si tu retardes plus,
Mon indignation va suiure tou refus.*

EPICARIS.

*S'il faut pour t'obliger que ie me calomnie,
Ie fuiray ta faueur, fuyant l'ignominie,
Car si contre ta vie on fait des attentats,
I'en blâme les Autheurs, & ne les cognois pas.*

NERON.

*Mais ne cognois-tu pas vn certain capitaine
Que i'ay fait Chef de Squadre aux Costes de Micene?*

EPICARIS.

*I'ay vescu dans Micene & vogué sur ses eaux,
Où i'ay veu la pluspart des Chefs de tes Vaisseaux.*

G

LA MORT

NERON.

Cognoy-tu cétuy-cy?

EPICARIS.

Ie le puis bien cognestre,
C'est vn des plus grands Fols que le Ciel ait fait naistre.

NERON.

Sçais-tu bien qu'il commande à deux mille soldats?

EPICARIS.

Ie sçay mieux qu'à l'Amour il ne resiste pas,
Et que cette foiblesse eu amoindrist l'estime.

NERON.

Que fait à ce propos l'Amour?

EPICARIS.

Il fait mon crime.

NERON.

Parle plus clairement, dis de quelle façon.

EPICARIS.

L'Amour fait son dépit, & cause ton soupçon:

DE SENEQVE.

Cet homme furieux piqué de mon visage,
Pour gagner mon esprit a mis tout en vsage :
Et voyant que ses soins ne pouuoient m'émouuoir
A changé dans son cœur l'amour en desespoir.
Voicy ce qu'a produit cette amoureuse rage,
Mais pardonne à Procule & perds tout cet ombrage.

NERON.

Le fait est démenty, Procule est recusé.

PROCVLE.

Mais il est découuert ce tison embrasé,
Qui va de toit en toit pour y jetter les flâmes
Que la Rebellion allume dans les Ames.
Tu tiens entre tes mains le ressort principal
D'vn dessein qui sans moy t'alloit estre fatal :
Ses projets sont méchants, sa Cabale est puissante :
Cesar, ie la denonce, & ie te la presente.

EPICARIS.

Dequoy m'accuses-tu ?

PROCVLE.

D'auoir voulu sonder
Vne foy que ie garde & que ie veux garder
Vne fidelité qui ferme les oreilles,
Et mieux le cœur encore à des noirceurs pareilles,

G ij

LA MORT

EPICARIS.

Ne me regarde point, si tu veux reüssir;
Mes yeux ont un éclat qui pourroit t'adoucir:
Leurs regards quelquesfois ont calmé ta furie.

PROCVLE.

Le fait dont il s'agist passe la raillerie,
Il ne se traite point icy de tes appas.

EPICARIS.

Dequoy s'agist-il donc? mais ne te troubles pas.

PROCVLE.

Voudrois tu dénier qu'un soir sur une riue
Tu vins m'exogerer d'une façon plaintiue,
La peine imaginaire où se trouuoit l'Estat;
Les miseres du Peuple & celles du Senat,
Qui pressé de rigueurs & tout trensi de craintes,
N'addressoit à Cesar que vœux au lieu de plaintes:
Bien qu'en son cœur timide il auroit desiré
De le voir dans le Tibre en morceaux déchiré?
Ne dis-tu pas encor que les plus grandes ames
Qui le voyoient plonger en des vices infames,
Attendoient seulement un Chef pour atterrer
Celuy qui se plaisoit à se deshonorer.

DE SENEQVE.

EPICARIS.

Ne fuſt-ce pas vn ſoir ou parlant de ſeruices,
De larmes, de ſoûpirs, de maux & de ſuplices,
Et voulant auancer ta bouche ſur mon ſein,
Tu receus à plain bras vn ſoûflet de ma main?

PROCVLE.

Ce fut auparauant,

EPICARIS.

ô ſurpriſe plaiſante!
Vn aueu ſi naïf de tout ſoupçon m'exempte.
Il s'eſt trahy luy-meſme, ô Ceſar qu'en dis-tu!
M'en veut-il pour mon crime, ou bien pour ma vertu?

NERON.

Procule a donc appris cette trame infidelle
Sans ſe ſaiſir ſoudain de cette criminelle?
Il a continué meſme depuis ce iour
A luy rendre des ſoins & luy parler d'amour?
Ah! ie me ſouuiendray de cette procedure
Qui paroiſt fort ingrate, & que ie treuüe dure.
I'en auray la raiſon;

PROCVLE.

Ceſar, eſcoute moy;
Tu dicerneras mieux, & mon zele, & ma foy.

Ie suis rude & grossier, elle adroite & subtile:
Mais iuge de cœur, & non pas de mon stile;
Permets moy de parler & sans émotion,
Voy quel crime se treuue en mon intention.

NERON.

Parle,

PROCVLE.

nous estions seuls lors que cette rusée
Me dit qu'elle ourdissoit cette horrible fusée:
Et i'apprehenday lors la saisissant ainsi,
Qu'elle déniast tout comme elle fait icy:
C'est pourquoy dans ce temps luy cachant ma pensée,
Bien que de son discours mon ame fut blessée;
Ie luy fis bonne mine, & d'vn air gracieux
Feignis n'estre blessé que des trais de ses yeux;
Tâchant de l'embarquer auec ces artifices.
A s'ouurir d'auantage & nommer ses complices.

EPICARIS.

Nomme donc les Autheurs de ce mauuais dessein,
Dis à qui i'ay soufflé ces horreurs dans le sein.

PROCVLE.

Tu m'as celé leurs noms,

DE SENEQVE.

EPICARIS.

O tesmoin ridicule!
Pour me iustifier, il suffit de Procule,
Cet Esprit égaré, ce foible Delateur,
Qu'vn despit a changé d'Amant en imposteur:
Que l'on void de lumiere en tout ce qu'il depose.

PROCVLE.

Si tu parles toûjours tu gagneras ta cause.

EPICARIS.

Ta colere t'engage en vn grand embarras;

NERON.

Silence, qu'il acheue, & puis tu respondras.

PROCVLE.

Cesar, ie feignis donc d'en faire ma Maistresse
Pour tirer ce secret auecque plus d'addresse:
Et l'attirer en lieux ou sans qu'elle en sceust rien
I'eusse quelques tesmoins de tout cet entretien.
Mais cette Ame coupable, adroite, & soupçonneuse,
Qui veid sur ce sujet ma recherche soigneuse
Se destourna toûjours de ce piege dressé;
Sans finir le propos qu'elle auoit commencé.

LA MORT

En suite, espouuantee, ou cherchant vn autre homme,
Elle quita Micene, & se jetta dans Rome;
Où d'vn soin merueilleux mon abbord elle fuit,
Se tient toûjours cachee, & ne va que de nuit:
De mes mains par deux fois, l'adroite s'est sauuee;
Et le miracle est grand dequoy ie l'ay trouuee.
   Ie te puis asseurer par le discours passé
Que ce mauuais Ouurage est beaucoup auancé.
Que la partie est forte, & qu'elle est toute preste
De faire vn grand éclat qui regarde ta teste.

EPICARIS.

Cesar, asseure toy que ie n'ay point pensé
A faire les projets que dit cet insensé :
N'ayant peu satisfaire à sa brutale enuie,
Et me rauir l'honneur il veut m'oster la vie :
Et possible qu'encor ce malade indiscret
S'il m'auoit fait perir en mourroit de regret.
Mais si le changement de cette indigne flâme
Peut jetter des soupçons & du trouble en ton Ame;
Esloigne de ces lieux ce qui te peut troubler,
Ou fay soudain perir ce qui te fait trembler.
   Crains-tu tant vne fille ? il faut que tu t'asseures
Son sang, de ton Esprit, peut guerir les blessures :
Commande qu'on m'égorge, & ne differe pas,
De dissiper soudain ta peur par mon trespas.

PROCVLE.

DE SENEQVE.

PROCVLE.

Croy moy, tiens pour certain ce que i'en conjecture;
Vn vif ressentiment parle en ta Creature;
Treuues-tu receuable à démentir ma foy,
Celle qui n'eut iamais aucun bien-fait de toy?
Vne ieune effrontée, vne fille incogneuë,
Qui pour ta seule perte en ces lieux est venuë?
Tu n'as point à douter de ma fidelité;
La preuue me deffaut, mais non la Verité,
Et ton salut, Cesar, n'est pas vne matiere
A ne point s'arrester sans l'éuidence entiere.
On la pourra forcer par l'objet des tourmens
A quiter cette audace & ces deguisemens;
Ainsi que ie l'ay dit la chose est arriuee.

NERON.

Elle peut estre vraye, & n'estre point prouuee.
Ouy, ouy, quoy qu'il en soit, Procule en sera creu.
Le mal peut estre grand, il y sera preueu

EPICARIS.

O Cesar!

NERON.

C'est assez; soldats qu'on la rameine,
Et que sans perdre temps on l'applique à la gesne.

H

LA MORT

EPICARIS.

Si pour ton passe-temps ie la dois endurer,
I'en souffriray l'effort mesme sans murmurer.

SCENE II.

SABINE, NERON, MILICVS.

SABINE.

O Cesar! ô Cesar, ie pasme, ie frissonne,
Fay que soigneusement on garde ta personne:
Vne froide sueur me court par tout le corps.

NERON.

Où sont les ennemis, où dedans, où dehors?

SABINE.

On a fait contre nous vne grande partie,
Dont tout soudainement les Dieux m'ont aduertie.

NERON.

Nos plus grands ennemis feront peu de progres,
Si les Dieux de la sorte éuantent leurs secrets.

Mais dy moy qu'as tu sceu, ne me tiens plus en peine.

SABINE.

J'estois dans le iardin proche de la fontaine ;
Et l'agreable cours de ses flots innocens,
Auoit par son murmure assoupy tous mes sens :
Lors qu'vn songe diuin m'a soudain réueillee.

NERON.

Quoy ? d'vn songe fâcheux Sabine est trauaillée ?

SABINE.

Tu sçauras que ce songe est vne verité.
Comme ie reposois auec tranquilité
Ie voyois les yeux clos, tous les objets aymables
Qui s'offrent à la veuë en ces lieux agreables :
Quand l'image d'Auguste en auanceant la main,
M'a crié, l'on en veut à l'Empereur Romain ;
Voicy les Conjurez, pren garde à luy Sabine,
Et sauue de leurs mains mon fils qu'on assassine.
Lors i'ay tourné les yeux, toute pasle d'effroy,
Et i'ay veu le Dieu Mars animé contre toy
Qui le fer degaigné sans ma prompte arriuee,
Pour te fendre en deux parts tenoit la main leuee.
Mais Bacus & Ceres émeus de mes clameurs,
L'vn couronné d'espics, l'autre de raisins meurs

H ij

S'eſtans ſoudain jettez ſur le Dieu de la guerre,
Ont fait en fin tomber ſon Coutelas à terre.
Ainſi plaine d'vn trouble à nul autre pareil,
J'ay deſgagé mes ſens des liens du ſommeil.

NERON.

Ce ſonge, abſolument ſont de vaines menaces;
Sabine, cependant il faudra rendre graces
A celle dont les dons jauniſſent les guerets,
Ainſi qu'au bon Bacus deceleur de ſecrets.

SABINE.

Eſcoute donc le reſte: ainſi toute interdite,
J'ay veu par le jardin courir Epaphrodite;
Qui venoit m'auertir de ſecrets importans
Dont il faut s'éclaircir & ſans perdre de temps.
Milicus eſt icy, qui te fera pareſtre
Qu'vn grand deſſein s'agite en l'eſprit de ſon Maiſtre,
Sur lequel à toute heure il le void ruminer.

NERON.

N a-t'il de grands deſſeins que pour m'aſſaſiner?
SABINE.
Il n'eſt pas accuſé ſans grande conjecture.
NERON.
Comment? ce Seuinus qui mes bontez conjure

DE SENEQVE.

Contre ſes Creanciers implorant mon ſuport,
Penſeroit-il payer ſes debtes par ma mort?

SABINE.

Voicy ſon affranchy qui te pourra tout dire.

NERON.

Appelle ſeuinus, & que l'on ſe retire,   *Parlant à vn garde.*
Toy garde d'auancer ce qui ne ſeroit pas;
Ce ſeroit iuſtement auancer ton treſpas.

MILICVS.

Ie ne mentiray point; & toute mon enuie
Eſt d'aider à Ceſar à conſeruer ſa vie.

NERON.

Ce deſſein mal-heureux eſt-il fort apparant?

MILCVS.

I'eſpere t'en donner vn indice bien grad.

NERON.

Mais accuſer ton Maiſtre? & ſur vn ſimple indice?

MILICVS.

Ouy Ceſar; pour te rendre vn important ſeruice;

LA MORT

Pour causer ton salut & celuy de l'Estat.

NERON.

C'est possible vn Fantosme au lieu d'vn attentat:

MILICVS.

Non, non, ce ne sont point des choses chimeriques;

NERON.

Passe donc là dedans afin que tu t'expliques.
Ce Zele qu'il tesmoigne auecque tant d'ardeur,
Est-ce pour mon salut ou bien pour sa grandeur?

SABINE.

Cesar, ie croy que c'est pour tous les deux ensemble;
Mais le songe passé fait encor que ie tremble.

NERON.

Sabine, cependant voicy le Senateur
Pour me donner du temps, entretiens ce flateur.

SCENE III.

SABINE, SEVINVS.

SABINE.

HE bien! que ferons nous aux Vsuriers auares?
Faut-il pas les traiter ainsi que des barbares?

SEVINVS.

En leur tenant rigueur, on ne leur feroit rien,
Que ce qu'ils font souffrir pour accroistre leur bien.

SABINE.

Que ie hay leur commerce & leur sale pratique;

SEVINVS.

C'est comme vne vermine en vne Republique,
Vne roüille secrete attachee aux Maisons,
Qui les fait succomber par mille trahisons.

SABINE.

Tu me donnes horreur de ces ames mal nees,
Qui vendent la longueur des mois & des annees.

SEVINVS.

L'Vsurier met à prix les heures & les iours,
Comme si du Soleil il dispensoit le cours.

SABINE.

Si de si sales mains auoient formé les Astres,
Nous nous verrions sujets à beaucoup de desastres.
Cesar veut de leur joug tirer les Senateurs.

SEVINVS.

Il doit de ce fleau garder ses seruiteurs,

SABINE.

Pour ton interest seul il en aura memoire.

SEVINVS.

Il s'en peut souuenir seulement pour sa gloire,
Qui souffrant ces abus viendroit à se ternir;

SABINE.

Il sort du Cabinet: tu peux l'entretenir.

DE SENEQVE.

SCENE IV.

NERON, SEVINVS, MILICHVS.

NERON.

Qvoy ? Seuinus se plaint de l'extrême indigence,
Et traite ses Amis auec magnificence ?

SEVINVS.

Si par mes creanciers il m'est encor permis,
I'auray souuent le bien de traiter mes Amis;
C'est à mon sentiment vn secret admirable
Pour charmer quelquefois l'ennuy d'vn miserable.

NERON.

Ie suis de ton auis, mais par quel mouuement
Donnant ces grands repas, fais-tu ton Testament ?
C'est parmy la douceur mesler de l'amertume;
Il n'est point à propos, ce n'est point la coûtume.

SEVINVS.

En tout temps, ô Cesar ! on ne peut faire mieux
Que de se preparer aux volontez des Dieux !

I

Puisque le fresle fil dont depend nostre vie,
Finist quand il leur plaist, non selon nostre enuie!
Et l'on ne doit iamais attendre au landemain
Pour faire les apprêts d'vn despart incertain,
Icy la preuoyance est assez raisonnable,
Elle est digne d'estime, & n'est point condemnable.

NERON.

Mais vser à tes gens de Liberalité;
A beaucoup de tes serfs donner la liberté,
Enfin mettre vn grand ordre à toutes tes affaires:
Sont-ce pour des festins des choses necessaires?
Sont-ce des actions d'vn homme incommodé
Qui par ces creanciers dit qu'il est obsedé?

SEVINVS.

Attendant du secours de la bonté celeste,
I'espars entre les Miens tout le bien qui me reste;
De peur qu'vn Creancier ne prist pas ce soucy
Si deuant mon trespas ie n'en vsois ainsi.
Ie ne puis m'empescher d'affranchir mes Esclaues,
Lors qu'en me bien seruant ils vsent leurs entraues;
C'est vn prix que ie donne à leurs trauaux souffers,
Et i'ayme mieux les voir chargez d'or que de fers.

NERON.

En leur ostant leurs fers, tu veux qu'on t'en fourbisse
Quelqu'autre qu'on destine à quelque estrange office,

Confesse moy la chose & ne deguise rien.

SEVINVS.

Quel autre?

NERON.

Ce poignard le recognois-tu bien?

SEVINVS.

Ce poignard? ouy Cesar, ie le dois bien cognestre;
C'est vn meuble ancien qui vient de mon Ancestre,
Quelqu'vn l'auit tiré hors de mon Cabinet
Pour en oster la roüille & le rendre plus net.

NERON.

S'il ne deuoit seruir à quelques grands ouurages,
Pourquoy prepares-tu du Baume & des bandages.

SEVINVS.

Moy? du Baume?

NERON.

Ouy, toy pourquoy prén-tu ce soin?

SEVINVS.

Ie n'en prepare point, ie n'en ay pas besoin:
I ij

LA MORT

C'est vn preparatif qui m'est peu necessaire.

NERON.

Mais Milicus le dit,

SEVINVS.

Moy ie dis le contraire.
Lequel va de nous deux passer pour imposteur ?
Doit-on croire vn Esclaue ou bien vn Senateur ?
Celuy qui porte encor les marques de sa chaine,
Ou celuy qui trauaille à la grandeur Romaine ?
Te dois-je estre suspect, te dois-je estre odieux
Pour traicter mes Amis à l'exemple des Dieux ?
Et ce denaturé cet homme abominable,
Parce qu'il est ingrat te semble-t'il croyable ?
Mes bontez ont voulu qu'il vescut librement,
Et voicy les effets de son ressentiment :
Ie viens de l'affranchir, & tu voy que ce traistre
A soudain machiné la perte de son Maistre:
Sçaurois-ie apprehender qu'vn Prince tel que toy
Ou croye à sa parole, ou doute de ma foy ?
Cesar, si ie tombois en ce malheur extrême
Il me prendroit dés l'heure vne horreur de moy-mesme :
Et la viue douleur de ce ressentiment
Me feroit à tes pieds mourir subitement.

DE SENEQVE.

NERON.

Que respond Milicus?

SEVINVS.

Que me peut-il respondre?

MILICVS.

Quatre mots seulement dont ie vais te confondre.

SEVINVS.

Imposteur ose-tu sur moy leuer les yeux?

MILICVS.

Tu leues bien le bras sur les Enfans des Dieux.

SEVINVS.

Traistre, jusqu'à ta mort le foüet & la torture
Me feront la raison de ta noire imposture.

MILICVS.

Possible que bien-tost l'aueu de ton forfait
De ta haute menace empeschera l'effet.
Cesar, ce Senateur sçaura bien se deffendre
S'il peut parer vn trait dont ie le vais surprendre;

LA MORT

Nous le verrons au bout de sa subtilité,
Il ne te pourra plus cacher la verité,
Fay....

NÉRON.

Qu'auec Seuinus quelqu'vn des miens demeure;
Aten dans ce jardin, ie reuien dans vne heure.

Fin du troisiesme Acte.

ARGVMENT
DV QVATRIEME ACTE.

I. Ison espouuanté de la prise d'Epicaris, a des pressentimens de la fatale ruine de leur dessein, par vne prochaine descouuerture; quoy que Lucain l'asseure de la Vertu de cette illustre fille.

II. Rufus leur apprend qu'on vient d'arrester Seuinus sur le mesme soupçon; ce qui trouble entierement le Chef du Party.

III. Neron interroge tout de nouueau Seuinus; sur la conjuration faicte contre sa personne, & luy fait cognestre qu'il en a sçeu la plus grande Partie de la bouche de Natalis, & ce Senateur troublé de cette cognoissance & pressé rudement par Rufus de nommer ses complices en accuse le mesme Rufus.

IV. Sabine persuade adroitement à ce Senateur, effroyé de la crainte de la mort, de declarer ses Compagnons, & fait reprendre cœur à Neron, qui donne les Ordres necessaires pour la seureté de sa vie, & pour faire arrester les criminels: Entre lesquels ceste méchante, place malicieusement Seneque.

ACTE IIII
SCENE PREMIERE

PISON, LVCAIN.

PISON.

Epicaris est prise? ô Cieux! qu'ay-ie entendu?

LVCAIN.

Ce n'est rien; ce n'est rien,

PISON.

Lucain tout est perdu:
Rome est abandonnée, & son lâche Genie
Contre les gens de bien maintient la tyrannie.
Le sort nous est contraire, & le Ciel en courous,
Pour conseruer Neron, prend party contre nous;
Le Tyran desormais prendra toute licence
D'accabler la Vertu, d'opprimer l'innocence,
Qui voudra s'opposer à sa brutalité,
Apres cette faueur de la fatalité?

K

LA MORT

O malheureux destins que le Ciel & la terre,
Les hommes & les Dieux nous declarent la guerre
A la veille du iour que nous armons nos mains
Pour vanger l'vniuers, les Dieux & les humains!

PISON.

O malheureux Pison!

LVCAIN.

Finissez cette plainte,
Et ne vous troublez pas d'vne si grande crainte.
La noble Epicaris durant cette rigueur
Ne manquera iamais, ny d'esprit, ny de cœur;
Sa constante vertu dans cette violence
Obseruera toûjours vn fidelle silence :
Sans qu'elle ouure la bouche on la verra perir.

PISON.

La force des tourmens pourra luy faire ouurir.

LVCAIN.

Vous la cognoissez mal de tenir ce langage;
Elle est toute romaine en grandeur de courage
Son Ame est genereuse & ferme au dernier point,
Et les feux ny les fers ne l'ébranleront point.
On la verra soû-rire au plus fort des suplices
Quand on la pressera de nommer ses complices;

A l'objet de la mort, au plus fort des tourmens,
Elle conseruera ses nobles sentimens.
　　Les lieux où souffrira cette fille constante
Seruiront de Theatre à sa gloire éclatante,
Les gesnes qui rendront son beau corps abbatu
Ne feront seulemeet qu'exercer sa Vertu ;
Et pormy tant de maux sa parole estoufee
Fera de sa Constance vn eternel Trophee.
Plaignons Epicaris, mais ne la craignons pas ;
Elle s'en va souffrir vn glorieux trespas ;
Elle s'en va gagner vne Palme immortelle,
Cette digne Beauté va faire parler d'elle,
Et rendre de son nom tout son sexe jaloux ;
Mais n'apprehendons point qu'elle parle de nous.

PISON.

Ne vois-tu pas Rufus qui porte en son visage
De nos prochains malheurs vn asseuré presage ?
Vne peur bien fondée accable ma Vertu,
Epicaris est prise ; ah Rufus ! qu'en dis-tu ?
Est-il vn scelerat qui s'égale à Procule ?

　　　　　　　　　　K ij

SCENE II.

RVFVS, PISON, LVCAIN.

RVFVS.

O Frayeur mal conceuë! ô crainte ridicule!

PISON.

Ce bruit m'a dé-ja mis le poignard dans le sein;
C'est pour faire auorter nostre noble dessein:
Nous serons descouuers, bien que Lucain soûtienne.
Qu'il n'est point de Vertu comparable à la sienne.

RVFVS.

Ce n'est pas l'accident qui nous doit estonner:
Par vn ordre cruel on vient de la gesner,
Cette illustre Beauté dont l'ame est si fidelle;
Et par mille tourmens on n'a rien tiré d'elle.
Son merueilleux Esprit de son cœur soûtenu
A denié le fait; mais d'vn air ingenu,
D'vne grace & d'vn front qui peuuent tout confondre,
Et dé-ja son tesmoin ne sçait plus que respondre:
Elle a tout renuersé sur son accusateur,
Et Procule à Neron paroist vn imposteur.

DE SENEQVE.

Suiuant la verité, le Tiran prend le change;
Mais il vient d'arriuer vn malheur bien estrange
Sur vn auis semblable on a pris Seuinus.

PISON.

Ce second coup m'accable : & i'en reste confus.

RVFVS.

Son Affranchy l'accuse auec tant d'asseurance
Que Cesar en ce fait trouue de l'apparance :
Iusqu'icy toutefois il n'a rien declaré.

PISON.

O Cieux ! tout est perdu, tout est desesperé !
Durant que nous parlons possible auec main forte
Les soldats du Tiran frappent à nostre porte;
On mal-traite dé-ja nos Amis affligez,
Et dé-ja nos Enfans sont possible égorgez !
Des Valets impudents, des Esclaues infames
Trainent par les cheueux nos filles & nos femmes !
Je pâme de douleur, ah ! que ne suis-ie mort
Auant que de tomber dans vn si triste sort !

LVCAIN parlant à Rufus.

Ie suis tout estonné d'vn auis si funeste,
R'asseure son Esprit; ie vais penser au reste.

RVFVS.

Atten,

LA MORT

LVCAIN.

Ie ne puis plus demeurer prés de luy:

PISON.

O que ceux qui sont morts sont heureux aujourdhuy!

RLFVS.

Mais escoute;

PISON.

Ah! Rufus la chose est découuerte!
Vne cruelle Estoille, ardante à nostre perte,
A sans doute vaincu par ses malignitez
Les presages heureux dont nous estions flatez,
Les Cieux nous ont trahis pour proteger le crime,
Et tous les gens de bien vont estre sa victime!

RVFVS.

Quoy? le Chef glorieux de tant de gens de cœur
Qui s'est fait estimer incapable de peur,
Et qui doit restablir la Liberté de Rome,
S'esbranle-t'il si fort pour la perte d'vn homme?
Quand mesme ce malheur nous deuroit accabler,
Il faut auec honneur l'attendre sans trembler:
Possible les effets tromperont l'apparance.

DE SENEQVE.
PISON.

O discours ridicule! ô la vaine esperance!
Croy-tu que Seuinus au despourueu surpris,
Tienne la bouche close ainsi qu'Epicaris?
Cet homme delicat se voyant à la gesne,
Abregera nos iours pour accoursir sa peine:
La torture ébranlant toute sa fermeté,
Fera faire naufrage à sa fidelité.
S'il vient à nous nommer, par quelle diligence
Pourrons nous éuiter vne horrible vangeance?

RVFVS.

C'est vne conjoncture ou ie voy peu d'espoir!
Mais c'est en ces endroits qu'vn grand cœur se fait voir;
Le peril apparant du fer & de la flâme
Doit seruir de matiere à la grandeur d'vne Ame.
C'est là que la Vertu se fait le mieux iuger:
Iamais des grands dangers on ne sort sans danger;
Par fois d'vn desespoir accompagné de gloire,
Les vaincus, aux vainqueurs, ont osté la victoire.
Si tu veux paruenir au bien que tu pretens,
Recueille ton courage, & ne perds point de temps;
Cours où sont les Vaisseaux, monte sur la Tribune,
Pour exciter le Peuple à suiure ta fortune;
Fais vn coup de partie, & marche promptement
Pour passer iusqu'au Trône, ou iusqu'au monument.

LA MORT

Si peu que la Fortune aßiste ton courage,
Tu jettes l'anchre au Port, & Neron fait naufrage.
Que pourra ce Tiran t'opposer aujourd'huy
Qu'vn lâche Tigillin scelerat comme luy ;
Qui n'est accompagné que d'impudiques femmes,
De garçons desbauchez, & d'Eunuques infames ?
Si de sa vaine peur ton Esprit est remis,
Tu n'as point à forcer de puißans ennemis.

PISON.

Tu comptes donc pour rien cette garde Allemande
Qui tire de César vne solde si grande ;
Et reßpandant par tout son redoutable Corps,
Tient la ville aßiegee, & dedans & dehors ?
Pourray-ie la gagner auec vne harague,
Quand cette nation n'entend point nostre langue ;
Void indiferemment nostre calamité,
Et n'a nul interest à nostre Liberté ?

RVFVS.

Solicite le peuple, il entendra ta plainte,
Et pourra s'aßembler pour dißiper ta crainte ;
Tu sçais bien que le Peuple ayme le Changement,
Et que le bien public l'émeut facilement.

PISON.

Au Peuple ? presenter des vœux & des requestes ?
Tu veux que ie me fie à ce Monstre à cent testes,
D'opinion

DE SENEQVE.

D'opinion diuerse & sans docilité,
Qui n'embrasse l'honneur qu'auec l'vtilité?
Quoy tu veux que Pison dans le peril se vouë
A ces courages bas, à ces Ames de bouë,
Qui de leur joug honteux ne sçauroient s'ennuyer,
Et qui m'accableroient au lieu de m'appuyer?

RVFVS.

Auquel des deux partis vois-tu plus d'asseurance,
Et lequel est le plus digne de confiance
Te semble plus traitable & paroist plus humain,
Du Tiran parricide, ou du Peuple Romain?
Lequel aymes-tu mieux de l'estime, ou du blâme?
D'vne fin glorieuse, ou d'vne mort infame?
Et de tomber bien-tost sanglant sur le carreau
De la main d'vn Soldat ou du coup d'vn Bourreau?
Recognoy la dessus ce que le Ciel t'inspire,
Choisi des deux partis, & ne pren pas le pire.
Mais ne perds point de temps à contempler les Cieux,
Il faut leuer le bras, & non hausser les yeux.

PISON.

Ah! le respect d'Arie errante en ma memoire
Me deffend de mourir auecque tant de gloire

RVFVS.

Pense-tu que ta femme ait du contentement
Si pour son vain respect tu meurs honteusement?

L

LA MORT

PISON.

Mais d'vn autre costé veux-tu que mon audace
Face perir ma femme auec toute ma race?
Si ie ne tente point ce temeraire effort
Neron sera possible appaisé par ma mort;
Il ne portera point sa fureur enragee
A voir persecuter vne Vefue affligee.
Il se contentera sans croistre ses malheurs
Que mon sang respandu face couler ses pleurs,
Et par mon seul trespas sa cholere assouuie
Laissera subsister la moitié de ma vie!
    Veux-tu que ie commette à ce cœur sans pitié
Le salut de ma chere & fidelle moitié?
Et que par vne vaine & fole violence
Ie face sur sa teste éclatter sa vengeance?
Qu'on luy face apres moy souffrir mille trespas?
Qu'on luy vienne aracher mon fils d'entre les bras;
Et que pour celebrer mes tristes funerailles,
De ma viuante image on batte les murailles?

RVFVS.

I'aymerois beaucoup mieux qu'vn glorieux Destin
Accompagnant vos iours, couronnast vostre fin.
Si ta femme ne t'aime; elle est vrayment indigne
De receuoir les trais de cette amour insigne;

DE SENEQVE.

Et s'il faut qu'elle t'aime ainsi que ie le croy,
Il ne faut pas penser qu'elle viue apres toy :
Si tu decens là bas elle t'y voudra suiure,
Et l'ennuy de ta mort luy deffendra de viure.

PISON.

Dieux ! ie ne doute point que ie n'en sois aymé,
Et son bon naturel m'est assez confirmé.
Si dans cet accident on void que ie frissonne,
C'est de crainte que i'ay pour sa chere personne ;
Ie n'ose rien tenter de peur d'aigrir son sort,
Ie voudrois bien qu'Arie eust le choix de sa mort.

RVFVS.

Bien donc, pren ce party ; mais montre toy d'vne Ame
Fidelle à tes Amis aussi bien qu'à ta femme ;
Si tu viens à perir, meurs sans nous faire tort.
Voicy venir des gens, c'est le Tiran qui sort ;
Eloigne toy d'icy ; de crainte que sa veuë
N'augmente cet effroy dont ton ame est émeuë :
On ne peut obseruer l'ennemy que l'on craint
Sans tesmoigner du trouble & sans changer de teint.

L ij

LA MORT

SCENE III.
NERON, SEVINVS, RVFVS, TIGILLIN.

NERON tenant vn papier,

VN siege promptement ; que Seuinus approche ;
Ie sçay que ta vertu se trouue sans reproche,
Et que sans donner place à ma seuerité,
Tu vas ingenument dire la verité.
Mais pour ne me laisser aucun mauuais indice ;
De peur que ta memoire en ce lieu te trahisse ;
Et que tu faces voir de la mauuaise foy
Aux depositions que voicy contre toy ;
Consulte-la de grace auant que me respondre ;
Di la chose en son ordre, & ne vas rien confondre.
Quels furent tes propos parlant à Natalis
Hier dans le champ de Mars ? à ces mots tu pâlis ?

SEVINVS.

C'est de douleur que i'ay de voir mon innocence
Par de mauuais raports suspecte à ta puissance.

NERON.

Mais dequoy parliez-vous si long-temps en secret ?

DE SENEQVE,

SEVINVS.

D'vn desordre qu'à Rome on void auec regret:
D'vn droit licentieux, que la loy doit restraindre:
Et dont les gens d'honneur ont sujet de se plaindre.
De ce que l'affranchy veut contre la raison
Auec le Cheualier faire comparaison:
Et sans se souuenir comment on l'a veu naistre,
A l'audace par fois de coudoyer son Maistre.

NERON.

Cela n'a nul rapport, que dites vous apres.

SABINE.

Il fut aussi parlé de la rigueur des prets:
Et comme l'Vsurier qui gagne sans mesure,
Les plus grandes Maisons consume par vsure.

NERON.

En suitte,

SEVINVS.

Il fut parlé du long retardement,
Du bled qui vient d'Egypte:

NERON.

O long deguisement!

LA MORT

Sont-ce tous les propos que vous eûtes ensemble ?

SEVINVS.

C'est tout ce qu'il fut dit, au moins comme il me semble.

NERON.

Et de Lateranus n'en fut-il point parlé ?

SEVINVS.

O Natalis perfide ! as-tu tout reuelé !
Fut-il iamais parlé de l'acheté plus haute !
O que de gens de bien vont perir par ta faute !

NERON.

Mais toy, pour te placer au rang des gens de bien,
Tu pouuois conspirer sans me demander rien.
Par quel noir mouuement as-tu peu te conduire
A rechercher ma grace en me voulant destruire ?
Traistre, que mes biens-fais ne pouuoient obliger,
Et qui ne me flatois qu'afin de m'egorger;
Ah ! ie me souuiendray de tes solicitudes,

SEVINVS.

Cesar, ie suis confus de ces ingratitudes,
Des-ja le vif remords de ce lâche dessein
Auant l'euenement m'auoit persé le sein;

DE SENEQVE.

Ma premiere fureur qui s'estoit alentie
Me laissoit en estat de rompre la partie.

NERON.

Puisqu'à la rompre ainsi tes sens se disposoient,
Tu peux bien me nommer ceux qui la composoient :
C'est la pour ton pardon tout ce que ie desire.
Qui sont-ils?

SEVINVS.

Natalis te le pourroit mieux dire.

NERON.

Pour les sçauoir de toy faut-il te menacer ?

SEVINVS.

Ah! i'ayme mieux mourir que de les denoncer.

NERON.

Rufus fay moy raison de ce morne silence.

RVFVS prenant Seuinus au colet.

Parle auant qu'on t'entraine auecque violence :
Nomme les Conjurez.

SEVINVS.

Ne presse point ma foy :
Si tu me fais parler, ie parleray de toy.

LA MORT

RVFVS.

Nomme les, nomme les:

SEVINVS.

O l'impudence extrême!
Que ne te resous-tu de les nommer toy-mesme.

NERON.

Escoutons:

RVFVS.

Moy meschant? ie suis homme de bien.

SEVINVS.

Ouy toy, denonce les, tu les cognois fort bien,
Nul n'est plus suffisant d'en dire des nouuelles.

NERON.

On a donc corrompu mes gens les plus fidelles!

RVFVS faisant signe à Seuinus.

Imposteur garde-toy d'offencer la Vertu.

SEVINVS.

Rufus il n'est plus temps, pourquoy me pressois-tu?

NERON.

DE SENEQVE.

NERON.

Tigillin, Tigillin, as-tu veu l'artifice?
Qu'on se jette sur luy gardez qu'on le saisisse.

RVFVS.

Cesar escoute moy;

NERON.

Ie ne t'escoute plus,
Tu feras desormais des signes superflus.

SCENE IV.

NERON, SABINE, SEVINVS.

NERON.

IL faut que les Bourreaux te traictent cöme vn traistre
Qui deloyallement attente sur son Maistre.

SABINE.

D'où vient vn si grand bruit?

M

LA MORT

NERON.

      Ce braue Colonnel
Qui faisoit l'empressé, se trouue criminel:
Nous l'auons découuert pour estre des complices.

SABINE.

O que sa trahison merite de suplices!

NERON.

En cette occasion, ce perfide flateur
Vouloit faire parler ce sage Senateur:
Et pour se couurir mieux, luy faisoit des demandes
Auec vne insolence & des rigueurs trop grandes:
Alors qu'importuné des propos de Rufus,
Seuinus l'a fait taire & l'a rendu confus.

SABINE.

Il meriteroit bien que pour ces bons offices,
Tu luy fisses pardon, s'il nommoit ses complices.

NERON.

Il marchande à parler.

SABINE.

     O qu'il me fait pitié!
Comment n'obtiendras-tu ta grace qu'à moitié?

DE SENEQVE.

Ah! vomis ce secret qui cause leur ruine,
C'est vn poison mortel enclos en ta poitrine,
N'irrites point Cesar qui te veut pardonner;
Si ton silence dure on te fera gesner.
Mais ne perds point de temps, c'est vn fait qui te touche,
Seuinus ton salut est encore en ta bouche.

SEVINVS tout bas.

Puis que par les soldats ie seray visité.
Il faut bien que ie cede à la necessité.

SABINE.

Croy moy, declare tout, afin qu'on te pardonne;
Parle auant qu'on te prenne, & que ie t'abandonne.

SEVINVS se jettant aux pieds de Sabine.

Helas! belle Princesse employez vous pour moy:
Ie ne sçaurois parler, i'en ay donné ma foy,
Tout ce que ie puis faire en vn estat si triste,
C'est de vous presenter seulement ceste Liste.

SABINE.

Cesar, ly ce papier: & voy si i'ay raison
Quand ie tiens pour suspects, & Seneque & Pison.
Pour s'emparer du Trône & pour t'oster du monde,
Pison est Chef de part, & Lucain le seconde.

LA MORT

Voicy de mes soupçons vn manifeste aueu ;
Tu peux cognestre icy l'Oncle par le Neueu.
Ce Vieillard si rusé t'abusoit par sa mine ;
Mais ses deguisemens n'ont peu tromper Sabine.
Qu'en dis-tu maintenant ?

NERON.

Quoy ? tant de Cheualiers ?
Des Consuls ? des Tribuns, des Chefs, des Centeniers,
Les plus grands des romains se sont liguez ensemble
Contre leur Empereur ? ah ! Sabine ie tremble,
Le cœur me bat au sein,

SABINE.

Il le faut r'asseurer,
Et les mettre en estat de ne plus conjurer.
Auant que de ce bruit quelqu'vn les auertisse,
Donne ordre qu'on les cherche, & que l'on s'en saisisse.

NERON.

Nous ne trouuerons pas des Bourreaux suffisans
Pour imposer des fers à tant de partisans.

SABINE.

Nous ne manquerons point de gens pour leur suplice ;
Douze mille Soldats en vont faire l'office,

DE SENEQVE.

NERON parlant à Tigillin.

Cours vers Lateranus qui deuoit lachement
Commencer l'attentat par vn embrassement;
Qui d'vne humble façon deguisant son audace,
Deuoit lors me forcer de tomber sur la place.
Dy luy qu'il meure viste; & que ie luy deffens
D'embrasser à sa mort sa femme & ses enfans;
Asseure-toy du reste; & d'vne adroite sorte,
Pren les ou vifs ou morts allant auec main forte.

SABINE.

Et Seneque en ce lieu se doit-il oublier,
Luy qui sans se deffendre & sans s'humilier
A dit à Natalis touchant cette menee
Que le sort de Pison estoit sa destinee?
N'en dit-il pas assez pour t'apprendre aujourd'huy
Qu'il est de la partie & conspire anec luy?
Sa trame en mots couuerts est assez descouuerte;
Qui vit auec Pison, doit perir par sa perte.
Seneque attendroit-il quelque meilleur succez,
Faut-il plus que cela pour faire son procez?

NERON.

Mais a-t'il dit ces mots? il faut qu'on luy demande

LA MORT

SABINE.

Il est bien impudent s'il faut qu'il s'en deffende,
Sans doute Natalis ne l'a point inuenté.

NERON.

Il en faut sur le Champ sçauoir la verité.

Fin du quatriesme Acte.

ARGVMENT
DV CÉNQVIEME ACTE.

I. Eneque pré-sent son heure derniere; & s'y prepare en Philosophe.

II. Sa femme se plaint de sa trop grande franchise qui luy fait auoüer qu'il est Amy de Pison, en vne rencontre dangereuse.

III. Siluanus luy vient porter le Commandement de mourir de la part de Neron.

IIII. Qui troublé d'auoir appris la Conjuration faite contre luy, craint que les Autheurs de cet attentat dessigné ne soient pas encore tous descouuerts.

V. Seuinus qu'il a gagné par belles promesses promet vainement de porter Epicaris à les declarer.

VI. Car cette fille courageuse à toute espreuue ; après auoir suporté la gesne sans rien dire, à la honte des plus grands d'entre les Romains, qui accusent iusqu'à leurs plus proches, garde le silence iusqu'au bout.

VII. Siluanus vient faire le raport de la mort de Seneque ; & Neron à ce recit sent les cuisantes pointes du remors qui suit les mauuaises actions.

ACTE V.
SCENE PREMIERE.

SENEQVE, SABINE.

MOn Ame appreste-toy pour sortir toute entiere
De cette fragile matiere
Dont le confus mêlange est vn voile à tes yeux:
Tu dois te réjoüir du coup qui te menace,
Pensant te faire iniure on te va faire grace:
Si l'on te bannist de ces lieux
En t'envoyant là haut, c'est chez toy qu'on te chace,
Ton origine vient des Cieux.

Nous auons assez veu le cours de la Nature,
Sa riche & superbe structure,
Ses diuers ornemens & ses charmans atrais;
Elle à peu de beautez qui ne nous soient cognuës,
Il faut quitter là terre, & monter sur les nuës,
Pour cognestre d'autres secrets;
Il faut chercher du Ciel les belles auenuës,
Et voir le Soleil de plus prés.

On ne treuue icy bas que des loix tyranniques,
D'où naissent des effets tragiques,
Et les Monstres y sont au dessus des Heros;
La Vertu sous le joug y demeure asseruie:
L'Orgueil, l'Ambition, l'Auarice & l'Enuie
Nous y troublent à tous propos;
Mais là haut dans l'estat d'vne meilleure vie
On goûte vn eternel repos.

Principe de tout estre où mon espoir se fonde;
Esprit qui remplis tout le monde,
Et de tant de bontez fauorises les tiens,
Tu voy les cruautez de qui ie suis la proye,
Et j'atens de toy seul mon repos & ma joye;
Fay que ie goûte de tes Biens,
Et me tires bien-tost afin que ie te voye
Du joug de ces pesans liens.

Mais ma chere moitié se dissout toute en larmes,
Tant mon prochain bon-heur luy vient donner d'alarmes;
Faut-il pleurer Sabine, & faut-il s'estonner
Au moment bien-heureux qui nous doit couronner
Quand nos pas glorieux imprimans la poussiere,
Nous font trouuer la palme au bout de la Carriere?
Le pilote batu par les flots irritez
Quand son Vaisseau mal joinct fait eau de tous costez,

DE SENEQVE.

Errant sans gouuernail au gré de la tempeste
Qui tombe incessamment ou bruit dessus sa teste;
A-t'il en quelque sorte à se plaindre du sort,
Si par vn coup de vague il est mis dans le port?
Le pelerin lassé d'vn penible voyage
Aueuglé de la poudre, ou mouillé de l'orage:
Se peut-il affliger auec quelque raison
Quand il touche du pied le seüil de sa maison;
Pourquoy nous plaindriōs nous d'vn sort digne d'enuie,
La mort est le repos des trauaux de la vie,
Et celuy qui desire en allonger le cours
Ayme à gemir sans cesse, & souspirer tousiours.

PAVLINE.

Quand vne mort certaine est preste de le prendre,
Le sage, à mon aduis, doit constamment l'atendre,
Puisque c'est vn deffaut que de s'inquieter
A l'aproche d'vn mal qu'on ne peut éuiter:
Il faut absolument qu'vne Ame bien placee
S'appreste de partir quand elle en est pressee.
Mais aller de si loin rechercher le trespas,
Et l'appeller soy-mesme alors qu'il ne vient pas;
C'est treuuer des appas en vne chose horrible,
Et faire vanité d'vn desespoir visible.
    La nature inspirant vn desir de repos
Ne nous enseigne rien qui ne soit à propos,

LA MORT

A tous les animaux elle a donné l'enuie
D'éuiter les perils pour conseruer leur vie;
La vie est donc vn bien dont nous deuons vser,
Sans l'exposer si fort, & sans le mespriser:
Il faut laisser agir les Cieux & la Nature;
Et vous sçauez, Seigneur, qu'en cette conjoncture
C'est auancer l'effet du fer, ou du poison,
Que tesmoigner ainsi d'estre amy de Pison.

SENEQVE.

En ces occasions faut-il qu'on abandonne
Son honneur & sa foy pour sauuer sa personne ?
Qui lachement s'abaisse & manque d'amitié ;
En pensant se sauuer perd plus de la moitié,
Pour alonger ses iours il abrege sa gloire;
Et pour garder son sang prodigue sa memoire.
 Tant de doctes leçons & de raisonnemens,
Qui pourroient affermir les plus mols sentimens;
En cette occasion ne nous seruiroient gueres
Si nous auions encor des foiblesses vulgaires,
Si nous estions sujets à nous espouuenter,
Et si nous redoutions ce qu'on peut souhaiter.
 Ie me voy sur le poinct que l'estat de ma vie
Ne sera plus en bute aux noirs traicts de l'Enuie;
Qui me blâme en secret, & me nomme tout bas,
Complice d'vn desordre ou ie ne trempe pas.

DE SENEQVE.

Les meschans m'accusoient auec trop d'injustice,
De maintenir Neron dans l'ordure du vice;
De ce cruel affront ie vay me ressentir,
Et l'arrest de ma mort s'en va les dementir.
Il sera mal-aisé desormais qu'on m'impute
D'estre le confident de qui me persecute:
L'vniuers apprendra qu'on me blâmoit à faux,
Et que ie n'eus iamais de part à ces deffaux.
N'a-t'il pas à Burrus donné la recompence?
De ses sages conseils, & de sa diligence?
Que diroit-on de moy si i'estois conserué,
Ie me dois ressentir de l'auoir esleué,
D'auoir soigneusement cultiué cette plante,
Qui fut mesme à sa tige ingrate & mal-faisante;
Cette fleur dont le lustre est si fort abatu,
Et qu'on a veu corrompre au sein de la vertu;
Mais quoy, le Centenier m'aporte des nouuelles
Qui me resiouïront, fussent-elles mortelles:
Et bien, que veut Cesar, dy le nous hardiment?

LE CENTENIER.

Que Seneque s'appreste à mourir promptement.

SENEQVE.

O doux commandement! ô faueur agreable!
Nouuelle desiree autant que desirable;

Il nous oblige fort de nous traicter ainsi,
S'il veut que nous mourions nous le voulons aussi ;
Il sçait donner à tout, & le prix & l'estime,
Il ne m'ordonne rien qui ne soit legitime.

LE CENTENIER.

Il te laisse le choix pour certaine raison,
De la flâme, de l'eau, du fer ou du poison :
Pren lequel tu voudras, choisi ;

SENEQVE.

     le Ciel luy rende,
Il m'oblige beaucoup, cette faueur est grande,
Il faut executer cet équitable arrest,
Et tu verras bien-tost comme ie suis tout prest ;
Mais faut-il si soudain que ie te satisface, Il frappe à
Puis-je d'vn testament consoler ma disgrace ? sa porte.
Puis-je adoucir d'vn mot l'aigreur de mon trespas.

LE CENTENIER.

Voy si tu veux mon Ordre, il ne le porte pas.

SENEQVE.

Cessons donc de porter vn meuble si fragile Il iette ses
Puis qu'il nous est à charge & nous est inutile ; tablettes.
Je serois estonné s'il m'eust esté permis
De laisser en mourant du bien à mes amis ;

DE SENEQVE.

Il est tout à Cesar, ie n'en puis rien soustraire,
Ie n'en suis seulement que le depositaire.
En me le confiant, il ne c'est point deceu,
Ie luy rends tout entier comme ie l'ay receu;
   Pauline, c'est pour toy que ie voudrois escrire,
Mais ta fidelle amour de ce soin me retire
Suiuant exactement l'ordre qu'on me prescrit,
Ie ne perds pas beaucoup pour n'auoir point escrit :
J'ay par mes actions tracé dans ta memoire
Assez heureusement l'image de ma gloire,
Ceux qui de ma vertu pourront encor douter
Pour en estre esclaircis n'ont qu'à te consulter,
Il te souuiendra bien qu'auec assez d'estime
I'ay vescu pres de toy sans reproche & sans crime;
Il te souuiendra bien de ma constante foy,
Et que prest à partir ie n'eus regret qu'à toy.

PAVLINE.

Moy ie m'en souuiendray ? ie veux qu'on se souuienne,
Qu'il ne fut point d'amour comparable à la mienne :
En vous suiuant par tout ie veux montrer à tous :
Si vous viutez en moy, que ie viuois en vous.

SENEQVE.
Ne precipite point le cours de tes annees.

PAVLINE.
En la fin de Seneque elles seront bornees,

Rien n'aura le pouuoir de rompre vn neud si beau,
Nous n'auons eu qu'vn lict, nous n'aurons qu'vn tõbeau.

SENEQVE.

Ah! ne meurs point si tost;

PAVLINE.

Ie ne sçaurois plus viure.

SENEQVE.

Vi pour me contenter,

PAVLINE.

Ie mourray pour vous suiure.

SENEQVE.

N'aurois-je plus sur toy de pouuoir absolu?

PAVLINE.

Le conseil en est pris ; c'est vn poinct resolu.

SENEQVE.

O rare pieté ! ta constance fidelle,
Remporte sur Seneque vne palme immortelle :
Sans doute nos Neueux auront droit de douter,
Si meritant beaucoup, i'ay peu te meriter;

Comme

DE SENEQVE.

Comme de ta beauté tout ton sexe eut enuie,
Il deuiendra jaloux de la fin de ta vie;
L'effet est trop brillant de cette saincte amour,
Elle me va faire ombre en se mettant au iour,
Ie ne puis te celer qu'vn si beau traict me blesse,
La force de ton ame a causé ma foiblesse,
Ta rare pieté me touche tendrement,
Il m'eschappe des pleurs dans ce ressentiment.
C'est pourquoy si Pauline à partir se dispose,
Qu'auparauant sa foy m'asseure d'vne chose,
C'est qu'ayant pris de moy ce glorieux poignard.
Elle ira, s'il luy plaist, s'en seruir autre part :
Car sans quelque foiblesse indigne & mal-seante,
Ie ne pourrois iamais voir Pauline mourante ;
Sans doute cet objet me feroit murmurer,
Et ne me seruiroit qu'à me deshonorer.

PAVLINE.

Seigneur, permettez moy ;

SENEQVE.
     Non, il faut que l'on cede.

PAVLINE.

Que ie face l'essay de ce dernier remede :
I'aurois trop de bon-heur si vous me permettiez
D'en gouster la premiere, & mourir à vos pieds,

O

LA MORT

SENEQVE.

C'est en vain, c'est en vain ta demande m'outrage,
Et c'est perdre le temps qu'en parler dauantage.

PAVLINE.

Seigneur, j'y consens donc, mais non sans desplaisir.

LE CENTENIER.

On ne vous a donné que fort peu de loisir,
Haste vn euenement que Cesar veut apprendre.

SENEQVE.

Ie suis trop criminel de l'auoir fait attendre,
Demandons luy pardon de ce retardement;
Embrassons-nous, Pauline, & mourons promptement.

LE CENTENIER.

Entre donc là dedans, celuy qui nous euuoye
S'auance à la Tribune, & ie crains qu'il te voye
En sa mauuaise humeur, nous n'en serions pas mieux
Si ton visage encor s'offroit deuant ses yeux.

DE SENEQVE.

SCENE II.

NERON, SABINE, SEVINVS, RVFVS, des Gardes.

NERON.

O Dieux! que d'Ennemis! l'effroy qui m'enuironne
Sur mon front paliſſant fait trembler ma Courōne:
Serons nous aſſez forts pour en venir à bout,
Peut-on à tant de gens faire teſte par tout?
Le bras de Tigillin, & l'Eſprit de Sabine
Pourront-ils renuerſer cette grande machine?
Quand meſme quelque Dieu viendroit me le iurer
A peine mon Eſprit s'en pourroit aſſurer.

SABINE.

Quoy que le mal ſoit grand, r'affermis ton courage;
Nous auons auancé la moitié de l'ouurage,
Tes Ennemis connus ſont pris ou dépeſchez;
Mais il faut découurir tous ceux qui ſont cachez,
Le Medecin ſçauant & plain d'experience
Doit du mal dont il traite auoir la cognoiſſance;
C'eſt ſur ce fondement qu'il peut auec raiſon
Aux corps intemperez rendre la gueriſon:

O ij

Nous ſçauons vne part de la trame funeſte,
Et pour noſtre aſſurance il faut ſçauoir le reſte.

NERON.

Poßible Epicaris le pourra reueler,
Il faut que Seuinus l'oblige de parler.

SABINE.

Seuinus, c'eſt icy que tu feras pareſtre
Si ton zele reſpond aux bontez de ton Maiſtre;
D'vn Empereur clement qui ſçait tout pardonner,
Et qui pour cet effort te va beaucoup donner.
Si tu peux en ce fait agir de bonne ſorte,
Iamais tes creanciers n'aßiegeront ta porte:
Iamais mortel encor dans le rang que tu tiens
Ne s'eſt veu iuſqu'icy comblé de tant de biens.
Oſte nous ſeulement cette eſpine importune,
Ie ſuis la Caution de ta bonne fortune.

SEVINVS.

Madame, vous verrez comme ie m'y prendray,
Ce ſont des veritez que ie luy maintiendray,
Et quoy qu'elle témoigne vne ſi grande audace,
Qu'elle ne peut iamais me dénier en face.

SABINE.

Il ſeroit à propos de luy perſuader
Qu'elle garde vn ſecret dangereux à garder,

DE SENEQVE.

Qu'elle ne gagne rien que la mort à se taire,
Qu'vne confession luy seroit salutaire ;
Enfin, qu'à ton exemple, elle peut sans erreur
Perdre tous ses Amis pour sauuer l'Empereur.
La voicy qui paroist en triomphe portee ;

NERON.

Des gens trop curieux l'ont vn peu mal traictee.

SCENE III.

NERON, EPICARIS, SEVINVS, SABINE.

NERON.

COgnoy tu de l'Estat les sages deffenseurs ?

EPICARIS.

I'en cognoy beaucoup mieux les cruels opresseurs.

NERON.

Seuinus, adoucis cet animal farouche
Qui n'a que du poison & du fiel dans la bouche.

SEVINVS.

Epicaris, c'est trop t'exposer aux tourmens,
Tu dois te departir de ces deguisemens ;

C'est s'obstiner en vain la chose est découuerte;
Le Ciel des Conjurez a resolu la perte,
Cet excez de courage & de fidelité
Ne s'y peut opposer qu'auec impieté.
Les Amis de Cesar ont suborné les nostres;
Les vns m'ont denoncé, i'ay denoncé les autres,
Et ce digne Empereur meu de compassion,
A daigné faire grace à ma confession:
Si tu veux receuoir les mesmes benefices,
Reuele promptement tous les autres complices:
Tu peux voir au pardon le chemin tout batu.
Tu n'as rien qu'à parler;

EPICARIS.
     Que me demandes-tu?

SEVINVS.

Tous ceux que tu cognois de cette intelligence.

EPICARIS.

Moy? ie ne cognoy rien que ta seule imprudence:
Et si visiblement tu la fais éclater,
Qu'il n'est pas de besoin de la manifester.

SEVINVS.

Ce trait n'est imprudent qu'à ton sens indocile;
L'imprudence est nuisible, & cet acte est vtile,

DE SENEQVE.

C'est de ce seul aueu que depend ton bon-heur.

EPICARIS.

Ma vie en despend bien, mais non pas mon honneur.

SEVINVS.

C'est flater ton esprit d'vne erreur sans seconde,
Car dequoy sert l'honneur quand on n'est plus au monde?

EPICARIS.

Nos Esprits ne sont pas d'vn sentiment pareil.

SEVINVS.

Tu ne ferois point mal de suiure mon conseil.

EPICARIS.

Qui suiuoit le conseil d'vn Ame si timide
Pour aller à la gloire auroit vn mauuais guide.

SEVINVS.

Mais toy fille obstinee en resistant si fort,
Tu tiens bien le chemin pour aller à la mort?
Sçay tu bien que Pison s'est fait ouurir les veines
Pour soustraire sa vie à mille iustes peines
Que Sçaurus de Cesar a senty le courrous
Et que Lateranus est mort de mille coups?

Que Voluse est pery d'vne façon tragique
Pour expier son crime?

EPICARIS.

Ou pour la Republique.

SEVINVS.

Et que Flaue & Rufus ont hâté leur trespas.

EPICARIS.

Comme eux Brutus est mort, mais son nom ne l'est pas.

SEVINVS.

Lucain qui fut toûjours digne de ton estime,
Nomme tous ses Amis qui trempent dans le crime?
Des tourmens preparez redoutant la rigueur;

EPICARIS.

Ce trait fait assez voir qu'il n'eut iamais mon cœur.

SEVINVS.

Ne ferme point la bouche alors qu'on te conuie
De parler librement pour conseruer ta vie:
Implore les bontez que ie viens d'esprouuer,
Et te sers de la planche offerte à te sauuer.

EPICARIS.

DE SENEQVE.

EPICARIS.

O le honteux conseil! pour éuiter l'orage
A tant de gens de bien faire faire naufrage?
Ie ne trahiray point des cœurs si genereux;
Ils s'exposent pour nous, ie veux mourir pour eux.

NERON.

Tu cognoy donc des gens donc la cruelle enuie
Fait encore dessein d'attenter sur ma vie?

EPICARIS.

Ouy ie sçay le dessein de cent hommes d'honneur
Qui fondent sur ta mort leur souuerain bon-heur:
I'en sçay des plus hardis & des plus grands de Rome,
Mais ie pourray cent fois auant que ie les nomme.

NERON.

Pren-tu quelque plaisir à te faire gesner?

EPICARIS.

Beaucoup moins qu'vn Tiran n'en gouste à l'ordonner.

SABINE.

L'impudente, la terre est-elle bien capable
De porter vn moment ce Monstre insuportable?

P

EPICARIS.

Elle peut sans horreur porter Epicaris;
Puis qu'elle porte bien la femme aux trois maris.

SABINE.

Ta langue pour ce mot sera bien-tost coupee;

EPICARIS.

Que deuroit on coupper à Sabine Popee?

SABINE.

Quand tu n'aurois vomy que ce mot seulement,
Tu mourras de cent morts par mon commandement.

EPICARIS.

Ces matieres de peur sont ce que ie dédaigne;
Menace moy plustost de viure sous ton regne.
Aucun autre malheur ne me sçauroit troubler;
Et c'est la seule peur qui me feroit trembler.

NERON.

O nouuelle Alecton que l'Enfer a vomie!
Qui t'a donné sujet d'estre mon Ennemie?
Qui de ta cruauté me rend ainsi l'objet?

EPICARIS.

Tu veux donc le sçauoir : en voicy le sujet :

DE SENEQVE.

Ie t'aymois autrefois, quand ton front hipocrite
Se couuroit faussement des couleurs du merite :
Lors que ta main feignoit de faire vn grand effort
Pour escrire ton sein sous vn Arrest de mort :
Quand ton Esprit brutal, cachant sa vehemence,
Pratiquoit la Iustice, exerçoit la clemence,
Et pour mieux t'affermir en ton Authorité,
Montroit de la sagesse & de la pieté.
Mais depuis que tu cours où la fureur te guide,
Que tu te rends cruel, ingrat, & parricide,
Que tu rodes la nuit, & que tu tiens à jeu
Les tiltres de voleur & ceux de boute feu ;
Ie te hay comme vn Monstre abismé dans le crime ;
Et treuue que ta mort est vn coup legitime.

NERON.

Ah ! c'est trop ! qu'on la liure aux bourreaux inhumains.

EPICARIS.

C'est vn œuure où Neron peut donc mettre les mains.

NERON.

Entrainez la soldats ; viste, & qu'on la dechire.

EPICARIS.

Possible que ton sort quelque iour sera pire.

LA MORT

NERON.
Méchante, on t'apprendra comme il faut discourir.

EPICARIS.
Tiran, ie t'aprendray que ie sçay bien mourir.

NERON.
Qu'on la face mourir du plus cruel suplice.

EPICARIS.
Rien ne doit t'empescher de faire ton office.

NERON.
O le Monstre execrable, & qu'il est endurcy!

SABINE.
L'Oncle de son Amant l'instruit sans doute ainsi,
Seneque a fabriqué cette haine mortelle,
C'est vn grand artisan,

NERON.
Qu'il meure aussi bien qu'elle.

SABINE.
Puis qu'il ne t'a failly que deux fois seulement,
Aten de ses projets quelqu'autre éuenement:

DE SENEQVE.

Quoy? ferois-tu si tost par des pensers timides
Perir vn si grand Maistre en l'Art des Parricides?
Garde bien de choquer ce docte Precepteur:
C'est vn homme de bien, c'est vn si bon flateur;
N'eust-il que ce Talant il ne faut pas qu'il meure.

NERON.

Il flatera la Parque auant qu'il soit vne heure.
Siluanus est passé dans son appartement
Pour luy faire en deux mots mon dernier compliment.

SCENE IV.

SABINE, LE CENTENIER, NERON.

SABINE.

Voicy le Centenier, & bien?

LE CENTENIER.

La chose est faite.

SABINE.

Quoy! nous ne verrons plus cette perte de Cour?

LE CENTENIER.

Ie ne l'ay point laissé qu'il n'ait perdu le iour.

LA MORT

SABINE.

Qu'a dit en te voyant cet honneur de Cordouë
Que Rome admire tant, que tout le monde louë?

LE CENTENIER.

Mes ordres exprimez, luy donnant à choisir
De tout genre de mort l'on forme à son desir;
Ce Vieillard miserable a montré quelque ioye
D'y pouuoir arriuer par vne douce voye,
Et des-jà presentant comme la chose iroit,
Il auoit preparé tout ce qu'il desiroit
Sa femme en a senti toute la violence;
Pauline est à ses pieds tombee en deffaillance:
Et dans les mouuements d'vn si sensible ennuy
A fait tous ses efforts pour mourir deuant luy.
 A peine, en luy parlant, a-t'il peu s'en deffendre;
A peine de ses bras a-t'il peu se desprendre:
Mais enfin cognoissant que l'ordre estoit pressé,
De ce fâcheux obstacle il s'est debarassé.
 Nous sommes auec luy passez dans vne Chambre
Où l'air qu'on respiroit n'estoit rien qu'esprit d'ambre;
Ce n'estoient en ce lieu qu'ornemens precieux
Dont l'éclat magnifique esblouïssoit les yeux;
Que meubles d'Orient, Chefs-d'œuures d'vne adresse
Où l'Art debat le prix auecque la richesse;

DE SENEQVE.

Que Miroirs enrichis & d'extréme grandeur.

SABINE.

C'est mourir dans la pompe & dans la bonne odeur.

LE CENTENIER.

Vn vaste Bassin d'or, où des eaux odorantes
Ornoient de leur parfum mille pierres brillantes,
Ny faisoit éclater vne valeur sans prix
Que pour y receuoir son sang & ses esprits.
 Vn de ses Affranchis, Ministre de l'Estuue,
L'a fait asseoir en suite, à my corps dans la Cuue;
Et retroussant ses bras au grand éclat du iour,
A passé promptemeut le rasoir à l'entour.
 Ses Amis ont pâly voyant ouurir ses veines
Qui d'vne froide humeur n'estoient qu'à demy pleines;
Mais ce grand Philosophe à mourir disposé,
A veu courir son sang d'vn Esprit reposé.
Ne s'est non plus émeu durant cette auanture
Que si d'vn iour de feste il eust veu la peinture.
 Amis, leur a-t'il dit, ne vous affligez pas;
La Vertu vous deffend de pleurer mon trespas:
Vous n'y treuueré rien d'indigne d'vne vie
Dont les plus grands du Monde ont conceu de l'enuie;
Ie meurs; mais c'est sans crime ainsi que sans remors
Que du rang des viuans ie passe au rang des morts,

C'est vn certain Tribut qu'il faut bien que ie rende;
La Nature le veut, & Neron le commande:
Tous deux forment des loix qu'on ne peut vider,
Et leurs Arrests sont tels qu'on n'en peut appeller.
I'en subis la rigueur sans horreur & sans crainte;
Ma volonté docile embrasse la contrainte.
Par la douce faueur d'vn sommeil que j'attens
Bien-tost Cesar & moy serons tous deux contens,
Luy de s'estre deffait d'vn Vieillard inutile,
Moy de m'estre rendu dans vn heureux Asile,
Ou nulle oppression ne se fait endurer
Ou iamais l'innocent n'a lieu de soupirer,
Ou pour tout interest l'Esprit est insensible
Et franc de passion, goûte vn repos paisible.

SABINE.

Il a creu par ces mots se mettre au rang des Dieux.

NERON.

Ah! laisson le acheuer.

LE CENTENIER.

     Alors leuant les yeux,
Il a dit en poussant sa voix foible & tremblante;
Dans le Creux de sa main prenant de l'eau sanglante,
Qu'il peine il a jettee en l'air à sa hauteur;
Voicy ce que ie t'offre ô Dieu Liberateur.

          Dieu

Dieu, dont le nouueau bruit à mon ame rauie,
Dieu, qui n'es rien qu'amour, esprit, lumiere & vie,
Dieu de l'homme de Tharse, ou ie mets mon espoir:
Mon ame vient de toy, veuille la receuoir.
 A peine à-t'il finy cet estrange langage,
Qu'vne pâleur mortelle à couuert son visage:
Il a fermé les yeux d'vn mouuement pareil
A ceux qu'on voit tomber abatus de sommeil;
Et le voyant saisi d'vne glace mortelle,
Ie suis venu soudain t'en dire la nouuelle.

SABINE.

Cesar, à ce recit tu parois tout changé:
Qu'as-tu donc, dy le nous,

NERON.

Ie ne sçay ce que i'ay.
Tous mes sens sont troublez, & mon ame inquiette
Ne peut plus se remettre en sa premiere assiette:
Ie brûle de colere & frissonne d'effroy;
Ie forcene, j'enrage, & ie ne sçay pourquoy.
Vne Erinne infernale à mes yeux se presente;
Vn Fantôme sanglant me presse & m'espouuente.
Ne voy-je pas venir des bourreaux inhumains
Qui tiennent des serpens & des foüets en leurs mains?

Q

LA MORT

Ie ne ſçay qui me tient en cette horreur extreſme
Que ie ne m'abandonne à me perdre moy-meſme.
Qui hâtera ma mort ? ou ſont les Conjurez.
I'y ſuis mieux reſolu qu'ils n'y ſont preparez,
Que celuy qui ſoûpire apres mes funerailles,
Me déchire le ſein, me perce les entrailles,
Et rende ſes ſouhaits accomplis de tout poinct.

SABINE.

Que veut dire Seigneur :

NERON.

Ah! ne me parle point.
Eſloigne-toy d'icy; fuy promptement Sabine,
De peur que ma colere éclate à ta ruine :
O Ciel ! qui me veux mal & que ie veux brauer,
Des pieges que tu tends on ne ſe peut ſauuer :
Tu prepares pour moy quelque éclat de tonnerre,
Mais auant, ie perdray la moitié de la Terre.

Fin du cinquieſme & dernier Acte.

www.ingramcontent.com/pod-product-compliance
Lightning Source LLC
Chambersburg PA
CBHW060156100426
42744CB00007B/1060